Die 100 besten Pflanzen für

Vögel, Bienen, Schmetterlinge

Ursula Kopp

Die 100 besten Pflanzen für Vögel, Bienen, Schmetterlinge

Bassermann

INHALT

EIN GEDECKTER TISCH FÜR VÖGEL, BIENEN UND SCHMETTERLINGE

Der enorme Flächenverbrauch der Städte und Gemeinden sowie die zunehmende Intensivierung der Landwirtschaft lassen immer mehr artenreiche Lebensräume verschwinden. Die zwangsläufige Folge ist auch der Rückgang ihrer tierischen Bewohner, die oftmals eng an ganz bestimmte Pflanzenarten angepasst sind. Die Anlage eines Naturgartens leistet einen wertvollen individuellen Beitrag zum Erhalt der ökologischen Vielfalt und schafft ein Refugium für Tiere und Pflanzen aller Art. Die Gestaltung orientiert sich an den Vorbildern in der Natur. Vorrang haben einheimische, langlebige Pflanzen, auf den Einsatz von Chemie wird gänzlich verzichtet. Insbesondere Sträucher mit Beeren, Obst oder Wildblumensamen sind begehrte Futterquellen von Vögeln. Blumen und Stauden ziehen Insekten an, die wiederum Nahrungsquelle für Vögel sind und vor allem den Vogeljungen als eiweißreiches Futter dienen.

Eine Hecke aus blütenreichen, Früchte tragenden Wildsträuchern ist ein optimaler Lebensraum für Insekten, Vögel und Kleintiere, auf Vögel wirken sie wie ein Magnet.

Star mit Pfaffenhütchen

Erdhummel auf Lavendelblüte

Auch Bienen brauchen Abwechslung, um ihren Nährstoffbedarf zu decken. Unsere Umwelt ist jedoch heute weithin von öden Monokulturen geprägt, welche die Nahrungsansprüche der Bienen und ihrer Verwandten nicht mehr erfüllen. Im Frühjahr ist für sie der Tisch mit Obstblüte, Löwenzahnwiesen und Rapsfeldern noch reichlich gedeckt. Danach aber herrscht im Sommer für die auf Blüten angewiesenen Tiere akuter Nahrungsmangel, weil üppige Blumenwiesen und nahrhafte Kräutersäume verschwunden sind. Auch viele unserer Gärten zeigen ein ähnlich eintöniges Gesicht, mit gepflegtem »Englischen Rasen« und in Form geschnittenen Koniferen und Hecken. Wie lebendig zeigt sich dagegen ein naturnaher Garten mit einer bunten, vielfältigen Pflanzengesellschaft.

Ziel eines Gartens für Schmetterlinge ist, dass diese sich in ihm heimisch fühlen. Das ist aber nur möglich, wenn er ein vielfältiges Nahrungsangebot bereithält – sowohl für die Falter als auch deren Raupen. Will man den eigenen Garten für die bunten Gäste attraktiv machen, so ist Grundvoraussetzung die richtige Pflanzenauswahl. Natürlich gestaltete Gärten bieten für Schmetterlinge ideale Lebensräume. Hier finden sowohl die erwachsenen Falter als auch ihre Raupen ausreichend Nahrung und Möglichkeiten, sich zu verstecken. Die Grundbepflanzung besteht aus Blütenstauden und Blütengehölzen, ergänzt mit Wildkräutern. Unsere Schmetterlinge sind an heimische Gewächse angepasst, sie haben deshalb bei der Bepflanzung unbedingt Vorrang. Damit Schmetterlinge die ganze Gartensaison mit Nektar versorgt sind, sollte die Blütezeit der ausgewählten Pflanzen sich möglichst von Februar bis Oktober erstrecken. Neben ihrem ausgeprägten Geruchssinn orientieren sich Schmetterlinge an den Blütenfarben. Sie bevorzugen abwechslungsreiche farbenfrohe Beete mit nektarreichen Stauden- und Straucharten.

Eine Blumenwiese setzt sich aus rund 50–60 Pflanzenarten zusammen. Zu beachten ist, dass Schmetterlinge zur Nahrungsaufnahme **ungefüllte** Blüten brauchen, damit sie mit ihrem Saugrüssel einfach an die Nektarquelle gelangen können.

Tagpfauenauge auf Rotem Scheinsonnenhut

Die **Felsenbirne** ist ein sommergrüner Großstrauch oder mehrstämmiger, bis 10 m hoher Baum. Die 3–7 cm langen Blätter sind wechselständig, elliptisch, zeigen im Austrieb eine kupferrote Färbung und verfärben sich im Herbst leuchtend orangerot, bevor sie vollständig abgeworfen werden. Im April/Mai erscheinen zahlreiche, weiße, sternförmige Schalenblüten. Im Sommer reifen rote bis violette, 5–15 mm große beerenartige Früchte heran.

STANDORT | Die **Felsenbirne** braucht einen sonnigen bis halbschattigen Platz mit leicht sandigem, durchlässigem Boden.

GARTENTIPP!

Die Felsenbirne ist robust und pflegeleicht, eine Düngung im Frühjahr mit Volldünger oder Kompost ist ausreichend. Die beste Pflanzzeit ist im Frühjahr und Herbst. Hat der Garten einen schweren Boden, sorgt etwas Sand für eine bessere Durchlässigkeit.

Der sommergrüne, aufrechte, dornenbesetzte Wildstrauch mit bogig überhängenden Ästen wird 1–3 m hoch. Die büschelig angeordneten, scharf dornig gezähnten Blätter sind oberseits dunkelgrün, unterseits heller. Die Blüten (April bis Juni) mit gelben Kelch- und Kronblättern hängen in Trauben. Die leuchtendroten, länglich-ovalen Beerenfrüchte reifen ab September.

STANDORT | Die **Gemeine Berberitze** braucht einen sonnigen bis halbschattigen Platz mit kalkhaltigem, leicht feuchtem Boden.

GARTENTIPP !

Die Berberitze ist ein dekoratives und vor allem wertvolles Vogelschutzgehölz und wird häufig als Hecke eingesetzt Da sie in der Regel im Topf angeboten wird, kann man sie die ganze Saison hindurch pflanzen. Bei den immergrünen Arten sind Frühjahr und Frühsommer jedoch die geeigneteren Pflanzzeiten.

Der aufrecht wachsende Strauch bildet eine ausladende Krone aus mehreren Grundästen mit leicht überhängenden Seitentrieben. Je nach Sorte variiert die Wuchshöhe von 120 cm (Zwergformen) bis zu 3 m. Die dunkelgrünen, unterseits graufilzigen Blätter sind gegenständig angeordnet. Die bis zu 40 cm langen, weißen, hell- und dunkelvioletten Blütenrispen bilden sich ab Juli bis zum ersten Frost an den Spitzen der Haupttriebe.

STANDORT | Der **Schmetterlingsstrauch** braucht einen warmen sonnigen Platz mit mäßig trockenem, sandigem Boden.

GARTENTIPP !

Der äußerst robuste Strauch benötigt weder regelmäßige Wassergaben noch Dünger, um üppig zu blühen. Er lässt sich wunderbar in Stauden- und Gehölzrabatten integrieren. Zwergsorten können sehr gut im Kübel kultiviert werden und sind sogar winterhart.

Die **Waldrebe** ist eine mehrjährige Kletterpflanze, die Spaliere oder andere Rankhilfen mit ihrem üppigen Wuchs schnell bedeckt und somit auch Sichtschutz bietet. Sie schmückt sich von April bis August mit wunderschönen, bis zu 20 cm großen, je nach Sorte weißen, roten, rosa, blauen oder violetten Blüten in intensiven Ausprägungen oder Pastelltönen.

STANDORT | Die **Waldrebe** gedeiht an einem halbschattigen bis schattigen Platz mit humusreichem, durchlässigem Boden.

GARTENTIPP !

Die meisten *Clematis*-Arten lassen sich auch problemlos das ganze Jahr über im Kübel kultivieren und werden von Jahr zu Jahr dichter. Für schnelles Wachstum und reiche Blütenpracht benötigen sie viel Wasser und ausreichend Dünger. Um die Verdunstung zu reduzieren, empfiehlt es sich zudem, die Erde mit Rindenmulch abzudecken.

Der sommergrüne, reich verzweigte Wildstrauch wird bis zu 5 m hoch. Im Frühsommer (Mai/Juni) ziert er sich mit weißen, rosa oder roten Hochblättern. Die rosa oder roten Steinfrüchte reifen von August bis Oktober. Der Rote Hartriegel (*C. sanguinea*) beeindruckt vor allem im Herbst durch seine blutrote Laubfärbung sowie im Winter mit seinen roten Trieben.

STANDORT | Der **Hartriegel** braucht einen sonnigen bis halbschattigen Platz mit kalkfreiem, gut durchlässigem Boden.

GARTENTIPP !

Wegen der intensiven Färbung des Herbstlaubs sowie der attraktiven Früchte ist der Hartriegel ein beliebter Zierwildstrauch für Hecken- und Einzelpflanzungen. Das Pflanzloch sollte etwa dreimal so groß sein wie der Wurzelballen. Den Aushub mit Humus vermischen, nach dem Pflanzen kräftig angießen.

Die **Kornelkirsche** ist ein sommergrüner, sparrig verzweigter, bis 6–8 m hoher Strauch und wächst meist mehrstämmig. Sie ist an ihrer hellen, faserigen Rinde sowie den dünnen, grünen Zweigen mit spitzen, gegenständigen Knospen zu erkennen. Pro Jahr wächst *Cornus mas* etwa 30 cm in die Höhe und 25 cm in die Breite und gehört zu den langsam wachsenden Gehölzen. Vor dem Laubaustrieb von Februar bis April erscheinen kleine, gelbe Blüten. Ende August reifen die 2 cm langen, roten Steinfrüchte.

STANDORT | Die **Kornelkirsche** braucht einen trockenen Platz mit frischem, sandig bis lehmigen Boden.

GARTENTIPP!

Der robuste Strauch kann im Herbst oder Frühjahr bis 1,50 m problemlos als Wurzelballen gekauft und gepflanzt werden. Das Wurzelwerk und die oberirdischen Triebe sollten zuvor ein Drittel eingekürzt werden.

Der sommergrüne Strauch erreicht Wuchshöhen von 2–12 m. Auffallend sind die extrem biegsamen und langen, gedrehten Triebe. Der windblütige Strauch gibt schon im zeitigen Frühjahr in kleinen Wölkchen gelben Blütenstaub ab. Die blütenstaubtragenden Kätzchen (Februar/März) werden bis zu 10 cm lang. Die weiblichen Blüten verbleiben unscheinbar in den geschlossenen Zweigknospen. Aus ihnen entwickeln sich als Früchte kleine, hellbraune, glänzende Haselnüsse.

STANDORT | Der **Haselnussstrauch** braucht einen vollsonnigen bis halbschattigen, windgeschützten Platz.

GARTENTIPP!

Als Solitäre werden Haselnusssträucher in einem Abstand von 4–5 m gepflanzt. Das Pflanzloch sollte etwa doppelt so tief und breit wie der Ballen sein. Den Boden sowie die Ränder des Pflanzlochs auflockern und den Strauch flach einsetzen.

Die sommergrünen, dicht verzweigten und bedornten Wildsträucher oder kleinen Bäume (*C. monogyna* und *C. laevigata*) werden 3–5 m hoch. Die langgestielten Blätter sind oberseits grün, beiderseits kahl. Die weißen Blüten (Mai/Juni) stehen zahlreich in Schirmrispen und duften unangenehm. Die roten, ungenießbaren Apfelfrüchte mit einem Steinkern reifen ab September.

STANDORT | **Weissdorn** braucht einen sonnigen bis halbschattigen Platz mit nährstoffreichem, kalkhaltigem Boden.

GARTENTIPP !

Beide Weißdorn-Arten sind wegen ihres dekorativen Blüten- und Fruchtschmucks beliebte Heckengehölze. Die beste Pflanzzeit dafür ist in einer frostfreien Phase zwischen Anfang Oktober und Ende April. Als Lebensraum und Nahrung für Vögel empfehlen sie sich auch als Schutzgehölze.

Das **Europäische Pfaffenhütchen** ist ein aufrechter, reich verzweigter, sparrig wachsender Strauch. Seine unscheinbaren, grünweißen Blüten öffnen sich im Mai/Juni und sind sehr nektarreich. Im Herbst besticht der Strauch durch seine attraktive Laubfärbung und die typischen vierkantigen, roten Früchte, deren Samen in der Vogelwelt sehr beliebt sind.

STANDORT | Das **Pfaffenhütchen** braucht einen sonnigen und warmen Platz mit tiefgründigem Boden.

GARTENTIPP!

Das Europäische Pfaffenhütchen ist sehr schnittverträglich, kann auf jede Größe geschnitten werden und eignet sich deshalb auch gut für die Kübelhaltung. Der Strauch ist anspruchslos und lässt sich im Grunde das ganze Jahr hindurch pflanzen, freut sich aber im Winter über einen geschützten Platz. Im Garten passt er am besten in naturnahe Hecken.

Der sommergrüne **Faulbaum** ist ein bis zu vier, in Ausnahmefällen sechs Meter hoher Großstrauch, seltener entwickelt er sich als Baum. Eine Besonderheit sind seine roten Wurzeln. Das Laub ist unbehaart und hellgrün. Die wechselständig angeordneten, ganzrandigen Blätter stehen an kurzen Stielen. Die nektarreichen Blütenstände (Mai/Juni) bestehen aus zehn grünweißen Einzelblüten. Ab Mitte August reifen kleine, rote, kugelige Steinfrüchte.

STANDORT | Der **Faulbaum** fühlt sich an einem sonnigen bis halbschattigen Platz mit frischem, aber auch sandigem Boden wohl.

GARTENTIPP !

Der Großstrauch ist äußerst robust und braucht außer einer Kompostgabe im Frühjahr keine weitere Pflege. Bei Trockenheit wässern. Im Frühjahr auslichten und einen Erhaltungsschnitt durchführen. Die Schnittführung ist immer schräg.

Die kleine Gattung *Hedera* umfasst nur wenige Arten, jedoch zahlreiche Sorten verschiedenartiger Kletterpflanzen. Bei allen Arten und Sorten des **Efeus** sind die immergrünen Blätter ledrig und oft gelappt, glänzend grün oder panaschiert. Die kleinen, unscheinbaren Blüten (September/Oktober) sind zwittrig. Die mattschwarzen Beerenfrüchte reifen im folgenden Frühjahr. Die meisten der Pflanzen bilden Luftwurzeln aus, die auf feuchten Unterlagen haftenbleiben.

STANDORT | **Efeu** braucht einen halbschattigen bis schattigen Platz mit einem nährstoffreichen, feuchten, kalkhaltigen Boden.

GARTENTIPP !

Als Heckenpflanze braucht Efeu ausreichend Unterstützung zum Beispiel mit einem Drahtgitter oder Holzzaun. Diese muss vor der Pflanzung fertig sein. In der Wachstumszeit gut feucht halten.

Der sommergrüne, dicht verzweigte, mittelgroße Wildstrauch wird 2–3 m hoch. Zahlreiche Kurztriebe sind in lange Dornen umgewandelt. Die kurzgestielten Blätter sind oberseits grün, unterseits silbrig-grau, beiderseits mit großen Sternhaaren besetzt. Die Blüten erscheinen vor dem Laubaustrieb (April/Mai). Ab September reifen große, leuchtend orange-gelbe, beerenartige essbare Früchte.

STANDORT | Der **Gemeine Sanddorn** braucht einen sonnigen Platz mit humusreichem, durchlässigem Boden.

GARTENTIPP!

Sanddorn ist das ganze Jahr über dekorativ. Im Garten kann das wertvolle Wildobst dichte Hecken bilden und ist für viele Vögel ein Nist- und Nahrungsgehölz. Sein weit ausgebreitetes Wurzelsystem eignet sich hervorragend zur Bodenbefestigung. Sanddorn ist trockenheitsresistent und muss nicht gewässert werden.

Der immergrüne, säulenförmige oder breitbuschige Nadelstrauch wird 1–5 m hoch. Die abstehenden Nadelblätter sind sehr steif, spitz und stechend, oberseits graugrün, mit breitem Mittelband. Weibliche Blüten (April bis Juni) mit mehreren Wirteln von Schuppenblättern, von denen die drei obersten fleischig werden und einen saftigen, schwarzen, bläulich bereiften Beerenzapfen bilden. Dieser reift im zweiten Jahr nach der Blüte und duftet beim Zerreiben aromatisch.

STANDORT | Der **Gemeine Wacholder** braucht einen sonnigen bis halbschattigen Platz mit einem trockenen Boden.

GARTENTIPP!

Wacholder braucht viel Licht, kommt ansonsten ohne besondere Pflegemaßnahmen aus. Eine Gabe Kompost alle paar Jahre im Frühjahr reicht völlig aus. Die Beerenzapfen sind eine wertvolle Nahrung für Wacholder- und Singdrossel.

Der sommergrüne, 1–3 m hohe Strauch hat aufrechte, rutenförmige, dicht belaubte Zweige. In milden Wintern wirft er sein Laub erst im nächsten Frühjahr zum Laubaustrieb ab. Die grünlich-weißen Einzelblüten stehen in 3–6 cm langen Rispen und erscheinen im Juni/Juli. Die Fruchtstände reifen von August bis Oktober. Die kugeligen Einzelfrüchte sind reif glänzend schwarz und hängen bis lang in den Winter am Strauch.

STANDORT | **Liguster** braucht einen sonnigen bis halbschattigen Platz mit einem trockenen, sandig-lehmigen Boden.

GARTENTIPP !

Liguster wird gerne als Sichtschutzhecke gepflanzt und von Vögeln als Nistgehölz aufgesucht. Der anspruchslose Strauch schätzt eine Kompostgabe im Frühjahr und wird durch regelmäßigen Schnitt in Form gehalten. Für eine Hecke werden 4–5 Sträucher pro Laufmeter gesetzt.

Der anspruchslose, schnell wachsende, sommergrüne, 3–5 m hohe Schlingstrauch wird bis 3 m breit. Die Blätter sind kreuzgegenständig, kurzgestielt oder sitzend, oberseits grün, unterseits bläulich schimmernd, bis 10 cm lang. Von Mai bis Juni öffnen sich die röhrigen, intensiv duftenden, innen weißen bis gelblich-weißen, außen oft rosa überlaufenen Blüten. Im Spätsommer trägt die Pflanze einen reichen Fruchtschmuck mit dunkelroten Beeren.

STANDORT | Das **Garten-Geissblatt** gedeiht an einem halbschattigen Standort mit frischem, humosem Boden.

GARTENTIPP !

Die Schlingpflanze kann nicht so ohne Weiteres an Häuserwänden emporranken. Wer mit der Blütenpracht der Pflanze seine Umgebung verschönern möchte, sollte unbedingt an stabile Rankhilfen wie Pfosten, Seile oder Drähte zur Unterstützung des Wuchses denken.

Der **Kulturapfel** ist ein sommergrüner, bis 10 m hoher Baum oder Strauch, der im Freistand eine ausladende Baumkrone ausbildet. Die wechselständig angeordneten, hellgrünen, ovalen Laubblätter erscheinen nach der Blüte. Die weißen oder leicht rosa Blüten (April/Mai) stehen einzeln oder in doldigen Schirmrispen. Sie haben einen Durchmesser von 2–5 cm, sind meist flach becherförmig und duften häufig.

STANDORT | Ein heller, sonniger bis halbschattiger Platz mit feuchtem, wasserdurchlässigem und humusreichem Boden ist für den Kulturapfel optimal.

GARTENTIPP!

Sehr gut eignet sich die Pflanzung von Kultur-Apfelbäumen als Spalier vor Hauswänden, aber auch als Spindel in kleinen Gärten oder auf einer Streuobstwiese in Nachbarschaft zu Birnen, Kirschen, Aprikosen. Die Pflanzung empfiehlt sich im zeitigen Frühjahr.

Sommergrüne Kletter- und Rankpflanze, die bis zu 10 m Höhe erklimmen kann. Sie bildet ein flaches, stark verzweigtes Wurzelwerk, aus dem über die Jahre mehrere Triebe wachsen, die mit der Zeit verholzen. Aus den verholzten Trieben wachsen Ranken, die je nach Art unterschiedlich geformte, im Herbst leuchtend rote Blätter haben. Die kleinen, unscheinbaren, grünlichen Blüten (Juni/Juli) stehen in Schirmrispen. Die dunkelblauen, bereiften Beerenfrüchte reifen ab Oktober.

STANDORT | Die **Jungfernrebe** braucht einen sonnigen bis halbschattigen Platz mit nähstoffreichem Boden.

GARTENTIPP !

Die Jungfernrebe ist zum Begrünen von Hauswänden seit langem in Kultur und bietet Vögeln, die gerne die Früchte verzehren, auch direkt am Haus einen optimalen Nistplatz.

Die **Schlehe** ist ein sommergrüner, sparrig verzweigter Wildstrauch mit dornenbesetzten, 1–3 m hohen Ästen und Zweigen. Die Triebe sind kurz und häufig ebenfalls dornenförmig ausgebildet. Die dunkelgrünen, büscheligen, ovalen Blätter sind gezähnt. Die fünfzähligen weißen, 1,5 cm breiten Blüten (April/Mai) sitzen einzeln, aber gehäuft auf den Trieben. Die blauschwarzen Steinfrüchte reifen ab Oktober.

STANDORT | Die **Schlehe** braucht einen sonnigen Platz mit einem trockenen, kalkhaltigen Boden.

GARTENTIPP !

Die Schlehe ist ein echtes Naturschutzgehölz und für Insekten und Vögel eine wichtige Nahrungsquelle. Sie wird am besten im Herbst in tiefgründig aufgelockerten Boden gepflanzt. Da sie zahlreiche Wurzelausläufer bildet, sollte man den Ausbreitungsdrang mit einer Wurzelsperre begrenzen.

Mittelgroßer, 1–4 m hoher, wintergrüner, sparrig verzweigter, mit kräftigen Dornen besetzter Strauch, der besonders wegen seiner dekorativen, gelben, roten oder orangefarbenen Früchte im Herbst beliebt ist. Im Frühsommer schmückt er sich mit zahlreichen weißen, 3–4 cm breiten, abgeflachten und zart duftenden Schirmtrauben, aus denen sich von August bis September die attraktiven Beeren entwickeln.

STANDORT | Der **Feuerdorn** braucht einen sonnigen bis halbschattigen Platz mit lehmigem oder steinigem Boden.

GARTENTIPP!

Der Feuerdorn benötigt nur wenig Pflege. Von Mai bis August alle 14 Tage düngen, mäßig gießen, nicht austrocknen lassen. Überstehende Triebe im Herbst zurückschneiden. Im Winter an frostfreien Tagen gießen, bei jungen Pflanzen Triebe mit Fichtenreisig schützen.

Der **Essigbaum** wächst recht ausladend und mehrstämmig. Seltener entwickelt er sich zu einem kleinen Baum mit steifen, aufrechten, sich verzweigenden Ästen. Die Blätter sind sommergrün, nehmen im Herbst jedoch eine beeindruckende Färbung von Gelborange bis Feuerrot an. Im Juni/Juli zeigen sich grünliche, ährenartige, bis 20 cm lange Blütenstände, aus denen sich im Herbst kräftig rote Steinfrüchte entwickeln.

STANDORT | Der **Essigbaum** braucht einen sonnigen bis halbschattigen Platz mit einem kiesig-sandigen Boden.

GARTENTIPP!

Der Standort ist mit Bedacht zu wählen, da das Ziergehölz mit den Jahren raumgreifend und ausladend wird. Die besten Pflanzzeiten sind der Herbst oder das Frühjahr. Da der Fachhandel Essigbäume meist mit Wurzelballen anbietet, lassen sie sich ohne große Bodenvorbereitung einpflanzen.

Der sommergrüne, buschige, stachellose Strauch mit fein behaarten Jahrestrieben wird 1–2 m hoch. Die langgestielten Blätter sind oberseits kahl, unterseits mit gelben Drüsen besetzt. Die grünlich-gelben Blüten (April/Mai) sitzen in abstehenden oder hängenden Trauben. Blätter und Rinden verbreiten beim Zerreiben einen unangenehmen Duft. Die saftigen, kugeligen, schwarzen Früchte reifen ab Juni.

STANDORT | Die **Schwarze Johannisbeere** braucht einen sonnigen, windgeschützten Platz mit humosem, nährstoffreichem Boden.

GARTENTIPP !

Schwarze Johannisbeeren können als Containerpflanzen das ganze Jahr über gepflanzt werden. Nach der Ernte müssen sie zurückgeschnitten werden, um die Verzweigung der fruchttragenden Triebe zu fördern. Auch ein Pflegeschnitt im Herbst ist ratsam. Die Früchte sind eine beliebte Vogelnahrung.

Der sommergrüne, buschige Wildstrauch mit aufrechten, bestachelten Zweigen wird 0,5–1,5 m hoch. Die drei- bis fünflappigen Blätter sind tief gekerbt oder gezähnt und behaart. Die grünlichen oder grün-purpurnen Blüten (April/Mai) stehen einzeln oder in wenigblütigen Trauben. Die rundlichen, grünen, durchscheinenden Beerenfrüchte reifen ab Juli.

STANDORT | Die **STACHELBEERE** braucht einen halbschattigen, windgeschützten Platz mit nährstoffreichem, mittelschwerem, leicht feuchtem Boden.

GARTENTIPP !

Stachelbeeren können als Strauch oder als Hochstämmchen angebaut werden, auch am Spalier lassen sie sich ziehen. Sie zählen zu den pflegeleichten Obstgehölzen, deren Blüte lediglich vor Spätfrösten geschützt werden muss. Die beste Pflanzzeit ist der Spätherbst von Oktober bis November.

Der sommergrüne, freistehend rundliche, sonst wenig verzweigte, mit Stacheln besetzte, kletternde Wildstrauch wird 1–3 m hoch. Die 4 cm langen Blätter sind oberseits matt dunkelgrün, unterseits leicht bläulich. Die blass- bis tiefrosa oder roten, selten weißen, scheibenförmigen Blüten (Juni/Juli) stehen einzeln oder zu dritt auf kurzen Stielen. Die bis 2,5 cm langen Hagebutten reifen ab September.

STANDORT | Die **Heckenrose** braucht einen sonnigen bis halbschattigen Platz mit einem lockeren, humusreichen, nährstoffhaltigen Boden.

GARTENTIPP!

Wie alle Wildrosen ist die Art für den naturnahen Garten als Heckengehölz sehr zu empfehlen. Sie bietet von der Blüte (Bienen) bis zur Fruchtreife (Vögeln, Kleintieren) Nahrung und Lebensraum.

Die Stängel der 50–200 cm hohen, ausdauernden Kletterpflanze sind je nach Sorte mehr oder weniger stachelig und verholzen mit der Zeit; an den Trieben sitzen wechselständig unpaarig gefiederte Blätter; erst im zweiten Jahr bildet die Pflanze am Ende von speziellen Seitentrieben von Mai bis Oktober zartrosa Blüten aus.

STANDORT | **Brombeeren** brauchen einen sonnigen Standort mit einem humusreichen, gut durchlässigen Boden.

GARTENTIPP!

Brombeeren werden nur als Containerpflanzen angeboten und können ganzjährig gepflanzt werden, in kalten Regionen ab Mai, in milderen im Herbst. Man setzt die Sträucher an Spaliere und schneidet nach der Pflanzung die Ruten auf etwa 30 cm Länge zurück. Im März mit reifem Kompost versorgen, bei Trockenheit rechtzeitig gießen, bevor der Boden ausgetrocknet ist.

Der sommergrüne, bis 2 m hohe Halbstrauch breitet sich stark durch Wurzelausläufer aus. Die Ruten sind mit feinen Stacheln besetzt, die Blätter wechselständig an den Sprossachsen angeordnet. Die weißen, aromatisch duftenden Blüten (Mai bis August) stehen in lockeren, aufrechten Trauben. Die roten, samtig behaarten Sammelsteinfrüchte reifen ab Juli.

STANDORT | Die **Himbeere** braucht einen sonnigen bis halbschattigen windgeschützten Platz mit lockerem, humusreichem Boden.

GARTENTIPP !

Himbeeren reagieren auf Trockenheit und Staunässe sehr empfindlich. Das Pflanzbeet sollte mit leicht angetrocknetem Rasenschnitt, Mulcherde oder Stroh gemulcht werden. Es muss auf eine ausreichende und regelmäßige Wasserversorgung besonders während Trockenperioden geachtet werden.

Der sommergrüne, buschige Wildstrauch, selten auch kleiner Baum, mit bogig nach außen überhängenden Ästen und Zweigen wird bis zu 7 m hoch. Die Blätter sind oberseits mattgrün, unterseits heller und kahl, duften beim Zerreiben aromatisch. Die cremeweißen Blüten (Mai/Juni) stehen in großen, flachen Schirmrispen und duften angenehm. Die kugeligen, schwarzroten Steinfrüchte stehen auf hellroten Fruchtstielen und reifen ab August.

STANDORT | Der **Schwarze Holunder** braucht einen sonnig bis halbschattigen Platz mit nährstoffreichem Boden.

GARTENTIPP !

Optimale Pflanzzeiten sind der Herbst oder das zeitige Frühjahr. In das Pflanzloch sollte etwas Kompost gegeben werden. Die Früchte des zu allen Jahreszeiten dekorativen Wildobsts locken viele Vögel in den Garten.

Der 5–10 m hohe Strauch oder Baum trägt sommergrüne, wechselständige, ovale, oberseits dunkelgrüne, unterseits weißgraue, fein behaarte Blätter. Die großen Kätzchen erscheinen Mitte bis Ende März vor dem Laubaustrieb. Die bis zu 5 cm langen Blütenstände tragen leuchtend gelbe Staubgefäße.

STANDORT | Die anspruchslose **Salweide** gedeiht optimal an einem vollsonnigen Platz mit lehmigem und feuchtem Boden, kommt aber auch sogar mit trockenen Sandböden zurecht.

GARTENTIPP!

Die Salweide ist mit ihren charakteristischen Weidenkätzchen ein dekorativer Blickfang und kommt in Einzelstellung am besten zur Geltung in jedem Garten, lässt sich aber auch gut in frei wachsende Hecken integrieren. Sie wächst leicht an und kann im Spätfrühling als wurzelnackter Strauch gepflanzt werden. Im Pflanzjahr regelmäßig mit Wasser versorgen.

Eberesche

Sorbus aucuparia

Der mittelgroße Baum oder Großstrauch mit lockerer, rundlicher oder ovaler Krone wird 5–15 m hoch. Die Blütenknospen sind dunkelviolett, während sich die hübschen Blüten im Mai/Juni in strahlendem Weiß zeigen. Ab September reifen die roten, runden, apfelartigen Früchte heran, die sich bis in den Winter hinein am Baum halten können. An ihnen laben sich Vögel und Kleintiere, für den Menschen sind sie ungekocht leicht giftig und ungenießbar.

STANDORT | Die **Eberesche** oder **Vogelbeere** braucht einen sonnigen bis halbschattigen Platz mit trockenem bis frischem, humosem Boden.

GARTENTIPP!

Im Garten lässt sich die Vogelbeere meist recht leicht kultivieren, da sie sehr anspruchslos und witterungsfest ist, Frost und Wind können ihr nur wenig anhaben. Sie kommt am besten in Einzelstellung zur Geltung.

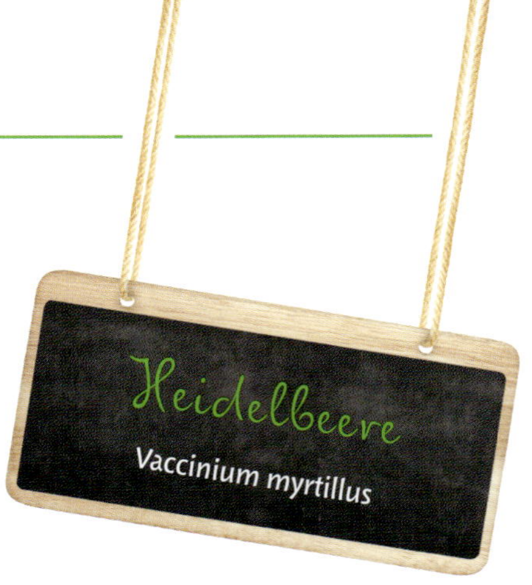

Der sommergrüne, reich verzweigte, bis zu 50 cm hohe Zwergstrauch ist dicht mit Blättern besetzt. Die Äste sind nur an der Basis stärker verholzt. Die kantigen, grünen Zweige sind biegsam und sehr fest. Die matt hellgrünen, kurzgestielten, ovalen Blätter werden im Herbst goldgelb bis karminrot. Die grün-weißen Blüten oder kräftigen roten Früchte (Mai/Juni) stehen zu zweit in den Blattachseln. Die blauschwarzen, heller bereiften Früchte reifen ab Juli.

STANDORT | Die **Heidelbeere** braucht einen halbschattigen Platz mit humosem, saurem, sandigem Boden.

GARTENTIPP!

In Containern angebotene Heidelbeeren können theoretisch das ganze Jahr über gepflanzt werden, benötigen aber während der Vegetationszeit viel Wasser zum Anwachsen. Die beste Pflanzzeit ist jedoch das zeitige Frühjahr und der Herbst.

Der **Gewöhnliche Schneeball** ist ein sommergrüner, kompakter, schnellwüchsiger, bis 4 m hoher Strauch mit ausgebreiteten, etwas überhängenden Ästen. Die oberseits dunkelgrünen, unterseits graugrünen, gestielten Blätter sind drei- bis fünflappig und am Rand gezähnt. Die großen, weißen Blüten (Mai/Juni) stehen in endständigen, bis 10 cm breiten Trugdolden. Sind diese verblüht, bildet der Strauch ab August hübsche, rote Beerenfrüchte aus, die den Strauch bis in den Winter zieren.

STANDORT | Der **Gewöhnliche Schneeball** gedeiht an einem vollsonnigen Platz mit einem feuchten, lehmigen Boden.

GARTENTIPP !

Der Schneeball wird im Container oder als Ballenware verkauft. Als Ballenware ist es ratsam, im Frühling oder Herbst zu pflanzen. Ein großes Pflanzloch ausgraben, den Aushub wieder einfüllen und rundum vorsichtig festtreten.

Die buschige, aromatisch riechende **Wiesen-Schafgarbe** wird 40–90 cm hoch. Aus dem kriechenden Wurzelstock entwickeln sich zuerst Laubblattrosetten und danach die Blütentriebe. Die Blätter sind wechselständig, doppelt oder dreifach fiederspaltig, die Blütenstände in einer rispigen Scheindolde angeordnet. Die Scheibenblüten (Juni bis Oktober) der Köpfchen sind weiß, die Zungenblüten weiß, rosa oder rot gefärbt.

STANDORT | Die widerstandsfähige Pflanze braucht einen sonnigen Platz mit durchlässigem, mäßig feuchtem, nährstoffreichem Boden.

GARTENTIPP!

Die heimische Wildstaude darf in naturnahen Pflanzungen nicht fehlen. Die Jungpflanzen werden im Frühjahr oder Herbst im Abstand von 30–40 cm eingesetzt. Verwelkte Blütenstände schneidet man regelmäßig ab. Bei anhaltender Trockenheit muss gründlich gegossen werden.

Die **Duftnessel** ist eine kompakte, standfeste, 60–150 cm hohe Staude mit aromatisch duftenden, unterseits weißgrauen, behaarten Blättern und steifen, aufrechten, hellblauen Blütenkerzen (Juli bis September). Die Samenstände zieren den Garten bis in den Winter.

STANDORT | **Duftnesseln** bevorzugen einen vollsonnigen Standort und gedeihen in jedem Boden. Sehr sandige Böden können mit Kompost und Tonmineral verbessert werden.

GARTENTIPP !

Eingewachsen vertragen Duftnesseln Trockenheit recht gut, sollten jedoch bei länger anhaltenden Trockenperioden in Abständen durchdringend gewässert werden. Staunässe, besonders im Winter, ist zu vermeiden. Ein zeitiger Rückschnitt führt zu erneuter Blüte, fördert die Bildung von Grundtrieben und erleichtert das Überwintern.

Die **Stockrose** ist eine zweijährige, ausdauernde Pflanze, bei der im zweiten Jahr aus einem verzweigten, tief reichenden Wurzelstock ein aufrechter, kräftiger und rauhaariger, bis 2 m hoher Blütenschaft treibt. Die langgestielten Blätter sind handförmig gelappt und mit Filzhaaren überzogen. Die großen, trichterförmigen, leuchtend rosa- bis purpurfarbenen Blüten (Juli bis September) bilden am Stängelende eine lange Ähre.

STANDORT | Die **Stockrose** braucht einen sonnigen, windgeschützten Platz mit einem lockeren, tiefgründigen, durchlässigen Boden.

GARTENTIPP !

Die Stockrose sollte am besten in Reihe oder als Gruppe gepflanzt werden. Am schönsten wirkt sie direkt am Gartenzaun als Hintergrund von Stauden und Sommerblumen oder vor Mauern und Hauswänden.

Der **Riesen-Lauch** ist eine 80–150 cm mehrjährige, krautige Pflanze, deren gesamte Pflanzenteile einen leichten Zwiebelgeruch verströmen. Die 6–8 grundständigen, aufrechten, gräulich-grünen, glatten Blätter werden bis zu 50 cm lang und bis zu 10 cm breit. Auf einem runden, hohlen Schaft steht der doldige, kugelige Blütenstand (Juni/Juli). Die 6 violetten Blütenhüllblätter stehen sternförmig zusammen.

STANDORT | Der **Riesen-Lauch** braucht einen sonnigen Platz mit lockerem, durchlässigem Boden.

GARTENTIPP !
Zierlauch-Arten werden gerne mit mittelhohen Sommerstauden wie Phlox, Katzenminze, Steppen-Salbei und Pracht-Storchschnabel kombiniert. Die Blütenstände sollte man stehen lassen. Selbst wenn sie vertrocknet sind, setzen sie noch einen formalen Akzent im Garten.

Raublatt-Astern sind bis 2 m hohe Stauden mit aufrecht verzweigten, behaarten Stängeln und Blättern und auffallend leuchtenden Blüten (August bis Oktober). Die äußeren Zungenblüten der großen Blütenköpfe sind blau bis rosaviolett, die inneren scheibenförmigen Röhrenblüten goldgelb. Die meisten Raublatt-Astern schließen nachts die Blüten.

STANDORT | Astern brauchen einen sonnigen Platz mit nährstoffreichem Boden.

GARTENTIPP!
Aufgrund ihrer Höhe pflanzt man sie in Beeten am besten in den mittleren und hinteren Bereich. Wichtig ist, dass die Pflanze mindestens bis zur Hälfte von anderen Pflanzen verdeckt wird, da die Stängel im Laufe des Jahres von unten her verkahlen. Raublatt-Astern sollten alle 3–4 Jahre geteilt werden, um eine bessere Blütenbildung anzuregen. Bei Trockenheit freuen sie sich über Wassergaben.

Die niedrige, kriechende und immergrüne Polsterstaude wird maximal 15 cm hoch. Die kleinen, hellgrünen, ei- und spatelförmigen, 3 cm langen Blätter sind behaart, einige Sorten haben einen gezähnten Rand. Von April bis Mai präsentieren sich, je nach Sorte, die unzähligen Blüten in verschiedenen Blautönen, Violett und Rosa.

STANDORT | Das **Blaukissen** fühlt sich an einem sonnigen Platz mit sandig, lehmigem, kalkliebendem Boden wohl.

GARTENTIPP!

Die Jungpflanzen im zeitigen Frühjahr im Abstand von 20–30 cm nicht zu dicht setzen, da die Polster rasch größer werden. Vor der Blüte mit flüssigem Volldünger versorgen, danach um ein Drittel kürzen, um Verkahlung zu vermeiden. Im Winter in rauen Lagen mit Fichtenreisig abdecken. Blaukissen eignen sich besonders für Steingärten, Trockenmauern und entlang von Pflasterwegen.

Die **Ringelblume** ist eine einjährige, selten mehrjährige, krautige, bis 60 cm hohe, buschige Pflanze. Die aufrechten, filzig behaarten Stängel tragen fein behaarte, wechselständige, ungeteilte Blätter. Am Ende der Triebe stehen goldgelbe bis tief orangenfarbene, bis 5 cm breite Blütenkörbchen (Juni bis September).

STANDORT | Die **Ringelblume** braucht einen sonnigen Platz, mit einem mittelschweren, nicht zu sandigen oder zu feuchten Boden.

GARTENTIPP !

Die Pflanze hält im Obst- und Gemüsegarten Schädlinge fern und dient so dem natürlichen Pflanzenschutz. Sie eignet sich auch hervorragend zur Schneckenabwehr. Eine Umpflanzung mit Ringelblumen schützt das Salat- und Gemüsebeet. Ihre tief reichenden Pfahlwurzeln lockern das Erdreich auf und verbessern auf diese Weise als Gründünger die Bodenqualität.

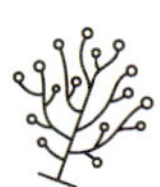

Die **Besenheide** ist ein bis 50 cm hoher reich verzweigter Kleinstrauch mit immergrünen Blättern. Die weißen oder rosa nickenden Einzelblüten stehen in einem dichten und traubigen Blütenstand (Juni bis August). Ideal für Gefäße sind knospenblühende Sorten. Bei ihnen blühen die Knospen nie ganz auf und können nicht bestäubt werden. Dadurch verblühen sie nicht und zeigen die farbigen Knospen bis weit in den Winter hinein.

STANDORT | Die **Besenheide** gedeiht an einem sonnigen bis halbschattigen Platz mit sandigem, mäßig feuchtem Boden.

GARTENTIPP !

Der Strauch übersteht Trockenheitsphasen recht gut. Er verträgt kein kalkhaltiges Wasser, möglichst mit Regenwasser gießen, sobald die oberste Substratschicht ausgetrocknet ist, Staunässe vermeiden. Im Frühjahr organisch düngen und etwa handhoch zurückschneiden.

Die **Pfirsichblättrige Glockenblume** ist eine mehrjährige, krautige, bis 80 cm hohe Pflanze mit einem fast kahlen Stängel. Die Grundblätter und unteren Stängelblätter sind lanzettlich, die oberen Stängelblätter sitzend. Der Blütenstand (Juni bis August) ist eine meist drei- bis achtzählige Traube, die lilablaue oder weiße Krone bis 5 cm lang und breit-glockig. Die Kelchzipfel sind dreieckig und am Grund bis 3 cm breit.

STANDORT | Die **Pfirsichblättrige Glockenblume** gedeiht am besten an einem sonnigen bis halbschattigen Platz mit humosem, frischem Boden.

GARTENTIPP !

Glockenblumen sind vielseitig einsetzbar und äußerst pflegeleicht. Die zarten Schönheiten eignen sich nicht nur fürs Beet, auch in Pflanzgefäßen, als Einfassung oder in Kombination mit Zwiebelpflanzen und anderen Stauden machen sie sich gut.

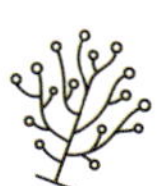

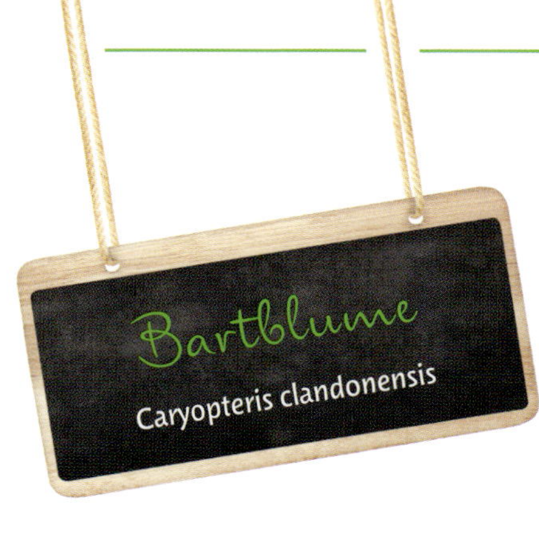

Die **Bartblume** ist ein bis 100 cm hoher mehrjähriger Halbstrauch mit aufrechtstehenden, graufilzig überzogenen, dünnen Trieben. Die 5–8 cm langen Blätter sind oberseits dunkelgrün, unterseits graugrün und duften stark aromatisch. Die leuchtend blauen Blüten (August bis Oktober) bilden sich büschelweise in den Blattachseln der neuen Triebe.

STANDORT | Die **Bartblume** bevorzugt einen warmen, vollsonnigen, geschützten Platz mit einem trockenen, durchlässigen, kalkhaltigen Boden.

GARTENTIPP!

Der anspruchslose Zierstrauch sollte am besten mäßig feucht gehalten werden, verträgt aber auch Trockenheit, gegen Staunässe ist er empfindlich. Regelmäßiger Rückschnitt im Frühjahr zur Förderung der Blütenbildung. Die Bartblume lässt sich vor allem gut als Kombinationspartner für Stauden und Rosen vielseitig einsetzen.

Die **Kornblume** ist eine ein- bis zweijährige Pflanze mit einem bis 80 cm hohen, kantigen, weißfilzig behaarten, im oberen Teil verzweigten Stängel. Die Blätter sind meist schmallanzettlich, die unteren gestielt, gelegentlich fiederteilig, die oberen sitzend, ungeteilt. Die Blütenkörbchen (Juni bis Oktober) stehen einzeln an den Zweigenden. Die Hüllblätter sind grün, die Kronen leuchtend blau.

STANDORT | Die **Kornblume** gedeiht an einem sonnigen, windgeschützten Platz mit einem nährstoffreichen, humosen Boden.

GARTENTIPP !

Die anmutige Pflanze mit ihren flockig-bauschigen Blütenköpfen besticht vor allem durch ihren naturnahen Charakter und passt gut zu einjährigen Wildpflanzen wie Klatschmohn. Im Garten wirkt sie in Gruppen gepflanzt am schönsten. Niedrige, dichtbuschige Sorten eignen sich auch für Balkonkästen.

Die **Wiesen-Flockenblume** ist eine bis zu 70 cm hohe, ausdauernde, krautige Pflanze mit aufrechten, verzweigten Stängeln. Die unteren Blätter sind fiederspaltig, die oberen ungeteilt, wechselständig. Die 2–4 cm breiten Blütenkörbchen (Juni bis Oktober) bestehen aus bis zu 100 violetten, am Rand stark vergrößerten Röhrenblüten. Die bräunlichen Hüllblätter sind gefranst.

STANDORT | Die **Wiesen-Flockenblume** gedeiht an einem sonnigen bis halbschattigen Platz mit mäßig trockenem bis frischem, durchlässigem Boden.

GARTENTIPP !

Flockenblumen kann man an Ort und Stelle direkt aussähen, die Samen keimen zuverlässig. Ein rosafarbenes Gegenstück stellt die Rote Flockenblume (*C. dealbata*) dar, deren frischrosa Blütenköpfe sich über silbergrauem Laub erheben.

Die ausdauernde, krautige, 30–80 cm hohe **Rote Spornblume** mit schwach verholzender Basis ist kahl und blaugrün bereift. Die 3–8 cm langen Laubblätter sind eiförmig-lanzettlich und meist ganzrandig. Die dunkel rosaroten (selten weißen) Blüten (April bis Oktober) sitzen in dichten Trugdolden. Der Sporn wird mehr als doppelt so lang wie der Fruchtknoten.

STANDORT | Die anspruchslose Staude braucht einen sonnigen, geschützten Platz mit durchlässigem Boden.

GARTENTIPP !

Die Spornblume im Frühjahr im Abstand von 45 cm setzen. Das Pflanzloch sollte etwas größer sein als der Wurzelballen. Eine Startdüngung mit Kompost regt das Wachstum an. Soll Selbstaussaat verhindert werden, muss man die Dolden nach der Blüte zurückschneiden. Vertrocknete Pflanzenreste im Spätherbst oder Frühjahr bodennah abschneiden.

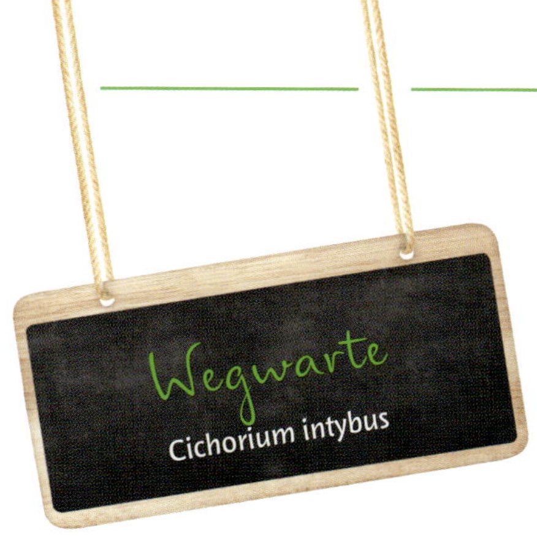

Die ausdauernde, krautige, bis 140 cm hohe Pflanze hat eine tief reichende Pfahlwurzel, die Stängel stehen sparrig-ästig. Die 8–25 cm langen Grundblätter und die unteren Stängelblätter sind unterseits borstig behaart. Die Blütenköpfchen (Juli/August) bestehen nur aus Zungenblüten. Die Köpfchenhülle ist zweireihig, die Hüllblätter sind meist drüsenhaarig. Die Zungenblüten sind himmelblau, selten auch weiß gefärbt. Die auffälligen Blütenstände sind nur vormittags geöffnet.

STANDORT | Die **Wegwarte** braucht einen sonnigen, trockenen Platz mit leicht alkalischem Boden.

GARTENTIPP !

Die relativ hoch wachsende Wegwarte kommt am besten als Randbepflanzung oder vor einem Zaun zur Geltung. Sie muss sehr früh Sonne bekommen, da sich ihre Blüten nur vormittags und schon bei Sonnenaufgang öffnen.

Das **Schmuckkörbchen** ist eine einjährige, krautige, bis zu 2 m hohe Sommerblume mit einem aufrechten, kahlen, verzweigten Stängel und filigranem, hellgrünem Laub. Die flachen Blütenkörbchen (Juli bis Oktober) enthalten meist 8 rosa bis violett oder weiß gefärbte Zungenblüten.

STANDORT | Das **Schmuckkörbchen** bevorzugt einen sonnigen Platz mit einem leichten, durchlässigen, nicht zu nährstoffreichen Boden.

GARTENTIPP !

Schmuckkörbchen eigenen sich besonders für naturnahe Gärten, Bauerngärten, in bunten Staudenbeeten und Rabatten. Besonders schön wirken sie in Kombination mit Phlox, Sonnenhut, Sonnenbraut und hohen Glockenblumen. Aber auch in Einzelstellung an markanten Gartenpunkten sowie in größeren Pflanzgefäßen auf Balkon und Terrasse kommen sie zur Geltung.

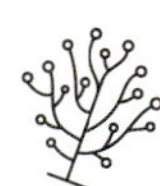

Der **Frühlings-Krokus** ist ein 10–15 cm hoher, einblütiger Geophyt, der die Blüten gleichzeitig mit den 2–4 grasartigen Blättern ausbildet. Die Blätter haben einen weißen Mittelnerv. Die violett- bis lavendelfarbenen Blüten (Februar/März) haben einen dunklen Streifen an der Außenseite, der Schlund ist weiß oder zartlila, die Hüllblätter sind am Grund zu einer Röhre verwachsen und bilden einen 2–5 cm langen Trichter.

STANDORT | Krokusse bevorzugen einen sonnigen bis halbschattigen Platz mit einem kalkhaltigen, winterfrischen und sommertrockenen Boden.

GARTENTIPP !
Krokusse sehen besonders schön in größeren Gruppen am Gehölzrand, in Rasenlücken sowie Beeten und Rabatten aus. Sie lassen sich mit zahlreichen anderen zwiebel- und knollenbildenden Frühjahrsblühern effektvoll kombinieren.

Die zweijährige, krautige Pflanze wächst 30–100 cm hoch. Die aufrechten, reichlich verzweigten Stängel sind mit kleinen, abstehenden Haaren besetzt. Die zwei- bis dreifach fiederteilig geschlitzten, lanzettlichen Blätter sind bis 3 cm lang. Im zweiten Jahr erscheinen von Juni bis Oktober auffällige Blüten, die in dichten, weißen Dolden zusammenstehen.

STANDORT | Die **Wilde Möhre** gedeiht an einem sonnigen Platz mit eher trockenem, kalkhaltigem, durchlässigem Boden.

GARTENTIPP !

Die Aussaat erfolgt im Frühjahr direkt ins Freiland. Bis zum Keimen ausreichend feucht halten, bei länger andauernden Trockenperioden gießen. Die Wilde Möhre eignet sich gut für trockene Standorte im naturnahen Garten und ist in Samenmischungen zum Anlegen für Wildblumenwiesen und Schmetterlingsgärten enthalten.

Bartnelken bilden lockere Horste mit starken, aufrechten, bis 60 cm langen Blütenstielen, an deren Ende sich ein flacher Blütestand mit vielen, duftenden Einzelblüten entwickelt (Juni bis August). Das Farbspektrum reicht von Weiß über Rosa bis tief Scharlachrot. Die Blüten können einfarbig, gefleckt, gestreift oder gerandet sein. Die Blattbüschel sind silbrig und weich.

STANDORT | Die **Bartnelke** braucht einen sonnigen Platz mit nährstoffreichem, gleichmäßig feuchtem Boden.

GARTENTIPP !

Einjährig kultivierte Pflanzen werden in der ersten Maihälfte im Abstand von 25 cm ausgepflanzt, zweijährig kultivierte Bartnelken erst Anfang August. Regelmäßig, aber maßvoll gießen. Blühpausen durch rechtzeitigen Rückschnitt vermeiden. Bartnelken eignen sich für Beete in großen, für Pflanzgefäße in kleineren Gruppen.

Die polsterbildende Staude wird 15–45 cm hoch mit einem vierkantigen Stängel, an dem die flachen Laubblätter gegenständig angeordnet sind. Von Juni bis September erscheinen die rosafarbenen bis purpurroten, in mehreren endständigen Blütenständen zusammengefassten Blüten.

STANDORT | Die **Karthäusernelke** braucht einen sonnigen Platz mit einem sandigen, trockenen und durchlässigen, kalkhaltigen Boden.

GARTENTIPP!

Die Pflanzen sind zwar kurzlebig, sorgen jedoch durch Selbstaussaat dafür, dass der Bestand nicht abnimmt. Ein Rückschnitt nach der ersten Blüte sorgt in der Regel für eine zweite Blüte. Die Karthäusernelke eignet sich gut für einen Platz im Steingarten, für die Krone einer Trockenmauer und das trockene Kiesbeet. Da sie wenig Platz braucht, kommt sie auch gut in Pflanztrögen zur Geltung.

Sowohl der lateinische wie auch der deutsche Name beschreibt die röhrig-glockige Blütenform. Aus der Blattrosette erhebt sich ein kräftiger, beblätterter, bis 180 cm hoher Blütenstängel. Auf der Unterseite der flaumigen, großen Blätter bilden die Blattnerven ein enges Wabennetz. Die hängenden, duftenden, rosa bis purpurfarbenen Blütenglocken (Juni bis August) bilden am Stängelende eine dichte Traube.

STANDORT | Der **Fingerhut** gedeiht in fast allen Lagen, optimal an halbschattigen Plätzen mit humusreichem Boden.

GARTENTIPP !

Im naturnahen Gehölzrand wirken die hellen Blüten der Pflanze besonders anziehend. Mit ihrer aufrechten Wuchsform verleiht sie dem Blumenbeet vertikale Struktur und lässt sich daher gut mit flächig wachsenden Stauden kombinieren. Man kann sie vereinzelt oder in lockeren Gruppen pflanzen.

Die großen Blütenköpfe des **Roten Scheinsonnenhuts**, welche an einen Igel erinnern, sitzen einzeln an langen, wenig verzweigten, steifen Stängeln. Die 3–4 cm langen Zungenblüten sind hängend, teils auch straff waagerecht stehend um den großen Blütenkopf angeordnet. Die aufrechte, je nach Sorte 40–100 cm hohe Staude blüht von Juli bis September.

STANDORT | Die anspruchslose Staude fühlt sich an einem sonnigen Platz mit einem nährstoffreichen, durchlässigen, nicht zu trockenen Boden wohl.

GARTENTIPP!

Der Rote Scheinsonnenhut ist sehr gut frosthart und benötigt keinen Winterschutz. Im Frühling kann ein wenig Kompost zugefügt werden. Die Staude lässt sich mit verschiedenen Gräsern wunderbar kombinieren und darf auch in keinem Präriegarten fehlen. Die Samenstände sind vor allem im Winter sehr dekorativ.

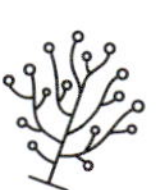

Die **Kugeldistel** ist eine zwei- oder mehrjährige, bis 150 cm hohe Pflanze. Die Blätter sind auf der Unterseite graufilzig, auf der Oberseite graugrün, spinnwebartig behaart und fiederteilig. Auf verzweigten, aufrechtstehenden Stängeln sitzen die intensiv metallisch blauen oder silberweißen, runden Blütenköpfe (Juni bis August).

STANDORT | Die **Kugeldistel** benötigt einen vollsonnigen Standort mit einem gut durchlässigen, flachgründigen Boden.

GARTENTIPP !
Die beste Pflanzzeit ist im Herbst. Wird auf die Samenreife verzichtet, sollten die verblühten Blütenstände regelmäßig abgeschnitten werden, da es weitere Blüten fördert. Die Kugeldistel verträgt zwar Trockenheit, gedeiht jedoch besser, wenn sie während länger anhaltender Trockenperioden im Frühjahr und Sommer gelegentlich durchdringend gegossen wird.

Die zwei- oder mehrjährige, krautig wachsende Pflanze mit einer tiefreichenden Pfahlwurzel bildet im ersten Jahr eine Blattrosette, aus der im zweiten Jahr ein aufrechter, bis zu 100 cm hoher Stängel treibt. Er ist wie die schmalen, lanzettlichen Blätter mit steifen Borsten besetzt. Die anfangs rosa bis violetten, später tiefblauen Blüten öffnen sich von Mai bis Oktober in einem ährenartigen Blütenstand.

STANDORT | Der **Gewöhnliche Natternkopf** gedeiht an einem vollsonnigen Standort mit trockenem, durchlässigem Boden.

GARTENTIPP !

Die äußerst pflegeleichte Staude sollte wegen ihrer Pfahlwurzel in ein ausreichend tiefes Pflanzloch in einem Abstand von 40 cm gesetzt werden. Anfangs ausgiebig, nach dem Anwachsen nach Bedarf gießen. Sie eignet sich auch gut für die Kübelhaltung.

Das **Schmalblättrige Weidenröschen** ist eine ausdauernde krautige, 80–150 cm hohe Pflanze. Die aufrechten, meist unverzweigten Stängel sind kahl oder schwach behaart und dunkel purpurfarben gefärbt. Die wechselständigen Blätter sind kurzgestielt. Die zahlreichen, rosa- bis purpurfarbenen Blüten (Juni bis September) stehen in einem langen, endständigen, traubigen Blütenstand.

STANDORT | Das **Schmalblättrige Weidenröschen** braucht einen sonnigen bis halbschattigen Platz mit frischem, nährstoffreichem, lehmhaltigem, kalkarmem Boden.

GARTENTIPP!

Die Pflanze ist sehr robust, pflegeleicht und breitet sich schnell durch Ausläufer und Samen aus und wird von einigen Gärtnern sogar als Unkraut betrachtet. Man sollte dennoch vor allem im naturnahen Garten nicht auf diese dekorative Staude verzichten.

Die 20–30 cm hohe, teilweise kriechende und daher auch als Bodendecker geeignete Pflanze ist eine wertvolle Schattenstaude, die vor allem durch ihr dunkelgrünes bis bronzefarbenes Laub bis in den Winter hinein ansehnlich wirkt. *E.* x *rubrum* (Foto) schmückt sich mit leuchtend roten Blüten und hübsch gezeichneten, im Austrieb rötlichen Blättern. Die Elfenblume zählt zu den Bienenstauden. Vor allem kleinere Wildbienen nutzen ihr Nektar- und Pollenangebot.

STANDORT | Der **ELFENBLUME** sagen halbschattige bis schattige Plätze mit einem mäßig feuchten, humosen Boden zu.

GARTENTIPP !

Elfenblumen pflanzt man im Spätherbst vor den ersten Frösten oder im zeitigen Frühjahr ab Anfang März. Sie können in Gruppen von 3–10 Pflanzen im Abstand von 30–40 cm als Unterpflanzung von Gehölzen oder in Schattenbeete gesetzt werden.

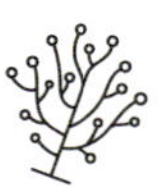

Die sommergrüne, mehrjährige, 150–200 cm hohe Pflanze hat einfache, aufrechte, häufig rötlich überlaufene Stängel mit vielen gegenständig angeordneten Blättern. In den dichten, leichtgewölbten Blütenständen (Ende Juli bis Oktober) befinden sich mehrere körbchenförmige Teilblütenstände, die Kronblätter sind hell- bis dunkelrosa.

STANDORT | Der **Gewöhnliche Wasserdost** wächst am liebsten an halbschattigen Plätzen mit einem feuchten, nährstoffreichen Boden.

GARTENTIPP!

In herbstlichen Staudenbeeten, in denen rote und gelbe Blüten dominieren, sorgt der Gewöhnliche Wasserdost für einen kräftigen Farbkontrast. Die anspruchslose Pflanze ist mit einer Gabe Humus im Frühjahr zufrieden, im Herbst kann man zur Nährstoffversorgung rundherum eine Schicht Laub aufbringen.

Das **Schneeglöckchen** ist eine ausdauernde, krautige Pflanze mit graugrünen, riemenförmigen Blättern an 10–15 cm hohen Blütenstielen und jeweils einer nickenden, angenehm duftenden, weißen Blüte (Februar/März), die sich in drei weiße äußere Blumenblätter und drei innere mit grünem Fleck an der Spitze gliedert.

STANDORT | Das **Schneeglöckchen** fühlt sich an halbschattigen Plätzen mit einem humosen, lockeren Boden wohl.

GARTENTIPP!

Wer im Herbst ein paar Zwiebeln pflanzt, kann sich nach einigen Jahren über eine große Fläche Schneeglöckchen freuen, sofern sie ungestört wachsen können. Die Blüten kommen häufig schon unter der Schneedecke hervor. Sollen Schneeglöckchen jedes Jahr üppig blühen, müssen sie mit ihren Blättern Kraft tanken. Deshalb lässt man die Blätter nach der Blüte stehen, bis sie vergilbt sind.

Die starkwüchsige Staude erreicht eine Höhe von 60–150 cm. Die kräftigen Blätter sind wechselständig um die halbkugeligen bis kugeligen Köpfchen angeordnet. Die kleinen Röhrenblüten (Juni bis Oktober) sind in der Blütenmitte zu einer Scheibe angeordnet. Um die Scheibe herum sitzt ein Kranz von Strahlenblüten, welche die gelbe bis braune Blüte wie eine kleine Sonne aussehen lassen.

STANDORT | Die **Sonnenbraut** liebt einen vollsonnigen Platz mit einem guten, nährstoffreichen, nicht zu trockenen Boden.

GARTENTIPP!

Helenium lässt sich, in Gruppen gepflanzt, gut mit anderen Beetstauden und filigranen Gräsern kombinieren. Zusammen mit verschiedenen *Rudbeckia*-Sorten entsteht eine goldgelbe Gartenecke, die selbst an trüben Tagen eine enorme Leuchtkraft entwickelt. Verblühtes sollte regelmäßig entfernt werden.

Sonnenblumen sind langlebige, hochwüchsige, ausdauernde Stauden. Es gibt sie von zierlich klein bis zu einer Größe von mehreren Metern. Allen gemeinsam ist der gelbe Blütenflor mit den leicht aufrechtstehenden Zungenblüten. Die Blüten (Juli bis Oktober) erscheinen einzeln hintereinander am Stängel. Kennzeichnend sind auch die dünnen, langen Blätter.

STANDORT | Die robusten **Sonnenblumen** bevorzugen warme, sonnige Plätze mit nährstoffreichem, durchlässigem Boden.

GARTENTIPP!

Sonnenblumen eignen sich insbesondere als Beethintergrund. Die Blüten wirken anziehend auf viele Insekten, später nutzen Vögel die Samenstände. Außer gelegentlichen Wassergaben während sehr trockener Perioden benötigen die Pflanzen keine Pflege. Gelegentliche Trockenheit wird ganz gut vertragen, Staunässe jedoch nicht.

Die **Christrose** ist eine 30–35 cm hohe Staude mit einem kriechenden, stark verästelten Wurzelstock. Ihre fächerartigen, langgestielten, glänzenden Blätter fühlen sich ledrig an und bleiben ganzjährig grün. Die rotbraun überhauchten Stängel tragen ein oder zwei große, meist weiße, manchmal auch rötliche Blüten (Dezember bis April).

STANDORT | Am wohlsten fühlt sich die **Christrose** an einem Platz im Halbschatten vor Sträuchern mit gut durchlässigem, etwas feuchtem, kalkhaltigem Boden.

GARTENTIPP !

Lässt man die Christrose ungestört wachsen, wird sie von Jahr zu Jahr schöner. Sie nimmt allerdings übel, wenn man sie verpflanzt und braucht lange, um sich von diesem »Schock« zu erholen. Die Samen müssen bereits im Herbst gesät werden, denn die Pflanze gehört zu den Frostkeimern.

Die **Schleifenblume** wächst teppichartig je nach Sorte bis zu 30 cm hoch. Die immergrünen, dunkelgrünen, ledrigen, lanzettlichen Blätter sind 2–4 cm lang. Die vierblättrigen, strahlend weißen, wie kleine Schleifen geformten Blüten sitzen in flachen, doldenähnlichen Blütenständen und erscheinen Ende April bis Ende Mai.

STANDORT | Die **Schleifenblume** gedeiht an einem vollsonnigen Platz mit einem mineralisch-sandigen, durchlässigen, kalkhaltigen Boden.

GARTENTIPP!

Gepflanzt werden kann im Frühjahr und Sommer im Abstand von 30–40 cm. Für ein dichtes Blütenpolster braucht man 8–10 Exemplare. Die robuste Pflanze muss wenig gegossen werden. Einmal jährlich mit Komposterde versorgen steigert den Wuchs. Schleifenblumen eignen sich insbesondere für Steingärten und auf Mauerkronen und gedeihen auch in Trögen.

Die **Wiesen-Margerite** ist eine bis 1 m hohe, mehrjährige, spärlich behaarte oder kahle Pflanze mit einem aufrechten, einfachen oder verzweigten Stängel. Die Grundblätter sind spatelig, langgestielt, am Rand gekerbt bis fiederteilig. Die körbchenförmigen, bis 6 cm breiten Blüten (Mai bis Oktober) stehen einzeln endständig auf dem Stängel. Die Scheibenblüten sind gelb, die Zungenblüten weiß.

STANDORT | Margeriten brauchen einen hellen, sonnigen, windgeschützten Platz und stellen keine besonderen Ansprüche an den Boden.

GARTENTIPP!

Die pflegeleichten Margeriten sind seit altersher beliebte Gartenpflanzen. *L. vulgare* besticht durch ihren Wildblumencharakter – einzeln oder in Gruppen auf Blumenwiesen, Beeten und Rabatten gepflanzt. Sie passt zu vielen anderen Stauden wie auch sommerblühenden Zwiebelpflanzen.

Die **Prachtscharte** ist eine ausdauernde, krautig wachsende 40–100 cm hohe Staude, die unterirdisch mit verdickten Knollen überwintert. Aus einem grundständigen Blattschopf wachsen aufrechte, meist unverzweigte Stängel, an denen die grünen, lanzettlichen Blätter wechselständig angeordnet sind. Die rosaroten oder weißen, ährenartigen Blüten aus zahlreichen Blütenkörbchen erscheinen von Juli bis September.

STANDORT | Die **Prachtscharte** braucht einen warmen, vollsonnigen Platz mit lockerem, nährstoff- und humusreichem Boden.

GARTENTIPP !

Eine Kompostgabe im Frühjahr fördert die Langlebigkeit. Nach der Blüte die Blütenähren oberhalb der Blätter abschneiden, kompletter Rückschnitt im Frühjahr. Die Staude ist ein Hingucker im Staudenbeet und eignet sich sehr gut für den Präriegarten.

Der Name der ein- bis zweijährigen Pflanze bezieht sich auf ihre silbrig glänzenden Samenstände in Taler- oder Mondform, die sie auch im Winter behält. Sie wird auch Garten-Mondviole oder Nachtviole genannt. Denn sie strömt vor allem nachts einen Duft aus, der zahlreiche Insekten und Schmetterlinge anlockt.

Das **Silberblatt** wächst aufrecht bis 80 cm hoch und 30 cm breit. Im ersten Jahr entwickelt sich nur eine Blattrosette mit hellgrünen, herzförmigen, 15 cm langen Blättern. Im zweiten Jahr erscheinen von April bis Juni weiße oder violette Blüten an endständigen Trauben.

STANDORT | Das **Silberblatt** bevorzugt einen halbschattigen bis schattigen Platz mit einem humusreichen, leicht feuchten Boden.

GARTENTIPP!

Ausgepflanzt wird nach den Eisheiligen in mit etwas Kompost versehenem Boden im Abstand von 40 cm. Anfang der Blütezeit kann man Langzeitdünger geben, nur bei Trockenheit zusätzlich gießen. Das Silberblatt wirkt schön als Unterpflanzung von Gehölzen oder Sträuchern.

Der **Blutweiderich** ist eine ausdauernde, krautige, bis 2 m hohe Pflanze. Aus dem Rhizom können bis zu 50 aufrechte, teils ästige, behaarte Stängel heranwachsen. Die Blätter sind schmal-lanzettlich bis oval. Sie wachsen sitzend in dreizähligen Quirlen oder gegenständig, oben wechselständig. Jeder ähren- oder traubenförmige Blütenstand (Juni bis Oktober) kann aus hundert und mehr purpurroten Blüten bestehen.

STANDORT | Der **Blutweiderich** fühlt sich an einem sonnigen bis halbschattigen, feuchten Platz wohl, ideal im Uferbereich eines Teichs.

GARTENTIPP!

Die überaus dekorative, allerdings wenig bekannte Pflanze ist absolut pflegeleicht und eignet sich insbesondere für den Gartenteich, da er eine wasserreinigende Wirkung besitzt. Für die Pflanzung empfehlen sich Teicherde und die Verwendung von Körben.

Die **Moschus-Malve** ist ein anspruchsloses, ausdauerndes, buschartiges, 20–60 cm hohes Gewächs, dessen Blüten (Juni bis Oktober) einen leichten moschusartigen Geruch verströmen. Jeder Blütenstand trägt 1–3 weiß oder weiß-rosa gefärbte, 2,5 cm große Blüten. Die Pflanze vermehrt sich durch Insekten- oder Selbstbestäubung.

STANDORT | Die **Moschus-Malve** fühlt sich an einem vollsonnigen, warmen Platz mit einem durchlässigen, sandigen Boden wohl.

GARTENTIPP !
Gepflanzt werden kann von Frühjahr bis Herbst, am besten in Gruppen mit 3–5 Exemplaren. Die Pflanze sollte möglichst nicht austrocknen und muss in längeren sommerlichen Trockenperioden regelmäßig gegossen werden. Die Kultur in Kübeln gelingt problemlos an einem windgeschützten, nach Süden ausgerichteten Standort, Staunässe vermeiden.

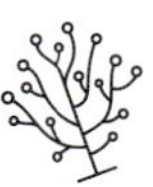

Die **Katzenminze** ist eine bis 100 cm hohe, horstig wachsende, buschige Staude mit verzweigten, vierkantigen, hohlen Stängeln. Ihre eiförmigen, runzeligen, silbergrauen und aromatisch duftenden Blätter sind gegenständig, lanzettlich und 3 cm lang. Die kleinen, hellvioletten bis lilablauen Blüten (Juni bis September) stehen an dünnen Stielen in Quirlen übereinander.

STANDORT | Katzenminzen fühlen sich an einem vollsonnigen Platz mit einem lockeren, trockenen, durchlässigen Boden am wohlsten.

GARTENTIPP !

Die Katzenminze gehört in jeden Garten, zumal sie anspruchslos und pflegeleicht ist. Sie besticht vor allem durch ihre lange und üppige Blüte. Für Rosen ist sie eine ideale Begleitpflanze, »zu Füßen« gepflanzt schützt sie diese vor Krankheiten. Gute Partner sind auch Taglilien und Frauenmantel.

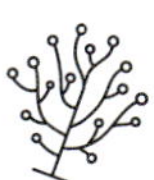

Die **Echte Pfingstrose** ist eine ausdauernde, ausladende, dicht belaubte, bis 100 cm hohe Staude. An den biegsamen Stängeln sitzen große, doppelt-dreizählig gefingerte, oberseits glänzend dunkelgrüne, unterseits mattgrüne Blätter. Die sehr großen, karminroten, rosafarbenen oder weißen Einzelblüten (Mai/Juni) stehen endständig.

STANDORT | *P. officinalis* gedeiht am besten an einem sonnigen, aber auch halbschattigen Platz mit tiefgründigem, nährstoffreichem und lockerem Boden. Gleichmäßige Feuchtigkeit im Wurzelbereich ist wichtig.

GARTENTIPP !

Die Pfingstrose reagiert empfindlich auf Störungen und Verpflanzung. Lässt man sie dagegen in Ruhe, werden ihre Blüten von Jahr zu Jahr schöner und größer. Die Pflanze kann mehrere Jahrzehnte an ihrem Platz bleiben. Deshalb sollte man den Standort sorgfältig auswählen.

Der **Türkische Mohn** ist eine mehrjährige, bis 100 cm hohe Pflanze mit einem aufrechten, meist unverzweigten, im oberen Drittel nicht beblätterten Stängel. Die graugrünen Blätter sind tief eingeschnitten und borstig behaart. Die großen Schalenblüten (Mai/Juni) sind entweder leicht oder stark geknittert, die Blattränder ganzrandig oder stark ausgefranst. Die Farben variieren von rosa, orangerot bis leuchtend rot.

STANDORT | Der **Türkische Mohn** gedeiht an einem warmen, sonnigen Platz mit einem tiefgründigen, durchlässigen Boden.

GARTENTIPP!

Da das Laub des Türkischen Mohns nach der Blüte einzieht und er im Sommer Lücken im Beet hinterlässt, sollte man ihn nicht in den Vordergrund oder an den Rand eines Beets, sondern in kleinen Gruppen in die Mitte setzen, wo er von niedrigen oder kissenbildenden Stauden umringt werden kann.

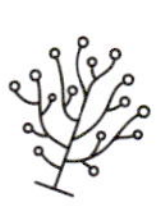

Die aufrecht wachsende, krautige Pflanze ist einjährig, wird bis zu 80 cm hoch und hat ein tief in den Boden eindringendes Wurzelsystem. Die gefiederten, anfangs eingerollten Blätter können bei Berührung zu Hautausschlägen führen. Die hellblauen bis blau-violetten Blütenstände (Juni bis September) stehen büschelartig, die Staubblätter ragen weit aus der Krone heraus.

STANDORT | Der **Bienenfreund** gedeiht an sonnigen Plätzen mit trockenem, aber auch feuchtem, durchlässigem Boden.

GARTENTIPP!

Die anspruchslose Pflanze sollte möglichst breitwürfig ausgesät werden, da sie am schönsten in größeren Gruppen wirkt. Die Pflanze wird zur Gründüngung geschätzt. Der Bienenfreund ist nicht winterhart. Er erfriert bei den ersten Herbstfrösten, ab –5 °C, und bleibt bis zum Frühjahr auf den Beeten als Mulch liegen.

P. paniculata wird bis 120 cm hoch und gehört mit seiner Farbenvielfalt zu den beliebtesten Stauden im Garten. Er wurde in zahlreichen Farbvariationen von Weiß über Rosa, Rot bis Blau gezüchtet. Die flach ausgebreiteten Einzelblüten (Juli bis September) sind in dichten, kuppelförmigen Blütenständen zusammengefasst, die abends einen angenehmen Duft verströmen.

STANDORT | **Phlox** bevorzugt einen sonnigen bis halbschattigen Platz mit lockerem, durchlässigem Boden.

GARTENTIPP !

In Trockenperioden sollte durchdringend gewässert werden. Die Blütezeit einzelner Sorten lässt sich verlängern, wird im Juni ein Teil der Triebe um ein Drittel eingekürzt. Die Pflanzen werden standfester, wenn man im Frühsommer rundherum mit Erde leicht anhäufelt. Das Ausschneiden verblühter Triebe regt die Bildung neuer Seitentriebe an.

Zur Gattung *Rudbeckia* gehören einige 80–120 cm hohe Stauden mit flachen, 6–8 cm breiten, goldgelben, strahligen Blüten. Große, dunkelgrüne Laubblätter liefern den buschigen Unterwuchs und damit einen schönen Kontrast zu den leuchtenden Blütenköpfen (Juli bis Oktober).

STANDORT | Der **Sonnenhut** braucht einen sonnigen Platz mit frischem, in der Blütezeit ausreichend feuchtem Boden.

GARTENTIPP!

Rudbeckien eignen sich gut für Rabatten, wirken aber auch in Einzelstellung attraktiv. Bei den hohen Formen empfehlen sich Stützstäbe oder Staudenringe. Nach der Blüte alle Triebe bodennah zurückschneiden. Lässt man sie stehen, schmücken die Fruchtstände den herbstlichen und winterlichen Garten. Verkahlen die Pflanzen nach einigen Jahren von innen her, ist es Zeit, sie zu teilen und neu zu setzen.

Im Gegensatz zu seinem Verwandten, dem Echten Salbei (*S. officinalis*) ist der **Steppen-Salbei** kein Heil- und Gewürzkraut und auch nicht essbar. Bienen und Schmetterlingen ist er allerdings als Nektarquelle wohl bekannt. Von der hübschen Zierstaude gibt es unzählige Sorten.

Mit einer Höhe von 30–60 cm zählt die mehrjährige, winterharte, kompakt wachsende Staude zu den niedrigen Arten. Die Triebe und Blätter sind mit kurzen Härchen überzogen, die Blätter wachsen in einer grundständigen Rosette. Von Juli bis August erscheinen schlanke, aufrechtstehende, weiße, rosa bis blauviolette Blütenkerzen.

STANDORT | Der **Steppen-Salbei** fühlt sich an einem vollsonnigen Platz mit durchlässigem, mäßig nährstoffreichem, frischem Boden wohl.

GARTENTIPP !

Gepflanzt werden kann von Frühjahr bis Herbst. Nach der ersten Blüte etwa um ein Drittel zurückschneiden und reichlich gießen, das sorgt für eine Nachblüte. Die anspruchslose Pflanze lässt sich im Präriegarten gut mit Ziergräsern, Kräutern und Präriestauden kombinieren. Sie macht sich auch gut als Begleiter für Rosen.

Der **Scharfe Mauerpfeffer** ist eine ausdauernde, krautige, polsterbildende, 5–15 cm hohe Pflanze. Die eiförmigen, dickfleischigen, 4 mm langen Blätter schmecken pfefferartig scharf. Die Blüten (Juni bis August) sind fünfzählig mit sternförmig angeordneten, leuchtend goldgelben Blütenblättern. Die spitzen bis zugespitzten Kronblätter werden bis 8 mm lang.

STANDORT | Der **Scharfe Mauerpfeffer** fühlt sich an einem vollsonnigen Platz mit frischem, gut durchlässigem Boden am wohlsten.

GARTENTIPP !

Damit der Mauerpfeffer gut zur Geltung kommt und von höheren Pflanzen nicht überwuchert wird, braucht er ein Einzelplätzchen. Er eignet sich für Steingärten, zur Randbepflanzung von Wegen und Einfassung von Beeten, wächst aber auch im Topf oder auf porösen Steinen. Häufig wird die Pflanze auch bei der Dachbegrünung eingesetzt.

Die kleine sukkulente Staude wächst horstig und aufrecht bis zu 50 cm hoch; von Juli bis tief zum Winter zeigt sie ihre purpurroten Blüten; die vielen, kleinen, sternförmigen Einzelblüten sitzen dicht in großen und auffälligen Dolden zusammen; die fleischigen, hellgrünen, großen Blätter dienen als Wasserspeicher.

STANDORT | Die **Fetthenne** liebt einen sonnigen Standort mit einem trockenen bis leicht frischen Boden.

GARTENTIPP!

Die äußerst pflegeleichte Pflanze verwöhnt den Gärtner mit einer langen Blütezeit. In der Gruppe arrangiert rechnet man bis zu 6 Exemplaren pro Quadratmeter im Pflanzabstand von 45 cm. Die Fetthenne bildet nach der Blüte Samenstände aus, die auch in der kühlen Jahreszeit schmückend wirken. Höherwüchsige Stauden werden gerne mit Astern, Sonnenhut und Ziergräsern kombiniert.

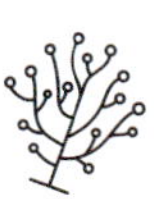

Die **Goldrute** kann bis 150 cm hoch werden, hat braun getöntes, runzeliges Laub und entwickelt 20–30 cm lange, überhängende Blütenrispen. Die strahlenförmig abstehenden Rispenzweige der Blütenstände von *S. rugosa* ›Fireworks‹ (Bild) erscheinen dem Betrachter in der Tat wie ein Feuerwerk. Die goldgelben, traubenförmigen Blütenstände von *S. virgaurea* blühen bereits ab Mai bis in den Oktober hinein.

STANDORT | Alle Goldruten-Arten fühlen sich an einem sonnigen Platz mit trockenem und nährstoffarmem Boden wohl.

GARTENTIPP!

Goldruten sind sehr anspruchslos, benötigen fast keine Pflege und eignen sich deshalb für die unterschiedlichsten Gartenbedingungen. Sie sollten nur wenig bis gar nicht gedüngt werden. Es empfiehlt sich aber, die Stauden direkt nach der Blüte großzügig zurückzuschneiden.

Der **Großblütige Ziest** bildet ein knotiges Rhizom mit grundständigen Blattrosetten, aus denen jedes Jahr 30–50 cm hohe, behaarte Blütenstiele austreiben. Die großen, herzförmigen, am Rand gezähnten Blätter sitzen gegenständig an den Stängeln. An ihrem Ende erscheinen von Juni bis August in dichten Quirlen duftende, purpurrosa Blüten.

STANDORT | Am besten gedeiht der **Ziest** an einem vollsonnigen Platz mit einem frischen, durchlässigen, kalkarmen Boden.

GARTENTIPP !
Gepflanzt wird im Frühjahr und Herbst in kleinen Tuffs im Abstand von 30–40 cm. Die winterharte Staude ist pflegeleicht und sollte nur in anhaltenden Trocken- und Hitzeperioden regelmäßig gegossen werden. Mit seinen purpurrosa Blüten macht sich die Pflanze gut im Vordergrund von halbschattigen Staudenbeeten und an einem sonnigen Gehölzrand.

Der **Löwenzahn** ist eine ausdauernde, krautige, bis 30 cm hohe Pflanze, die in allen Teilen einen weißen Milchsaft enthält. Auf der kurzen Sprossachse stehen unregelmäßig gezähnte Blätter in einer grundständigen Rosette. Oben am hohlen, rötlichen Stängel entwickelt sich ein Blütenstand mit vielen winzigen, gelben Zungenblüten, die zusammen als einzige gewölbt tellerförmige Blüte (April bis Juni) erscheinen.

STANDORT | Am besten wächst der **Löwenzahn** an Plätzen mit nährstoffreichem, gut durchlüftetem, humosem Boden.

GARTENTIPP !

Die Aussaat von Löwenzahn auf dem Balkon ist grundsätzlich möglich. Es sollten allerdings tiefe Pflanzgefäße gewählt werden, da die Pflanze ausgedehnte Pfahlwurzeln entwickelt. In der Regel genügt als Substrat normale Blumenerde, die man mit Kompost vermischen kann.

Die einjährige Kletterpflanze windet sich mit bis zu 20 cm Zuwachs pro Woche bis in 2 m Höhe an Spalieren und Pergolen entlang. Die herzförmigen Blätter sind leicht behaart und sitzen an langen Stielen. Die trichterförmigen, weißen, gelben oder orangen Blüten mit schwarzem Auge erscheinen von Mai bis Oktober.

STANDORT | Die **Schwarzäugige Susanne** bevorzugt einen warmen, windgeschützten, vollsonnigen Platz mit einem lockeren, humusreichen Boden.

GARTENTIPP!

Die Schwarzäugige Susanne lässt sich leicht aussäen und wächst in der Regel rasch zu einer beeindruckenden Pflanze heran und bildet an Gartenzäunen und Spalieren schnell einen blütenreichen Sichtschutz. Bei Topfpflanzung durchlässige, nährstoffreiche Balkonblumenerde verwenden. Stets feucht halten und alle 2 Wochen mit flüssigem Volldünger versorgen.

Die **Kapuzinerkresse** treibt glatte, runde und saftige Stängel, die sich stark verzweigen und in schirmartigen, oberseits bläulich-grünen, wachsartigen, unterseits hellgrünen Blättern enden. Die zart duftenden, gelben, orangen oder roten, samtigen Blüten (Juni bis Oktober) sind trichterartig geformt und haben einen langen Sporn.

STANDORT | Die **Kapuzinerkresse** gedeiht am besten an einem sonnigen Platz mit leichtem, nicht zu nährstoffreichem, humosem Boden.

GARTENTIPP !

Die Kapuzinerkresse treibt bis zu 3 m lange Ranken und eignet sich besonders zum Verschönern von Zäunen, Lauben und Mauern. Ab und an muss man die Triebe aufbinden, um einen ungezügelten Wuchs zu verhindern. Wegen ihres üppigen Laubs verdunstet sie viel Wasser. Vor allem bei Kübelpflanzung sollte sie im Sommer morgens und abends gegossen werden.

Die **Brennnessel**, eine starkwüchsige, ausdauernde, winterharte Staude, wird bis 150 cm hoch. Die Stängel sind kantig und die Blätter gegenständig angeordnet. Die bis 8 cm langen, oval zugespitzten Blätter mit tiefgesägtem Rand sind mit Brennhaaren besetzt, die bei Berührung Hautreizungen verursachen. Zwischen Juli und Oktober hängen kleine, grünliche Blüten in Rispen herab.

STANDORT | Im naturnah gestalteten Schmetterlingsgarten hilft man durch Aussaat im Frühjahr an einem sonnigen Platz mit frischem, etwas feuchtem Boden nach.

GARTENTIPP!
Bei den meisten Gärtnern sind Brennnesseln eher unbeliebt. Wer aber Besuch von Schmetterlingen haben will, muss unbedingt in seinem Garten eine Ecke für sie reservieren. Um dann auch die genannten Falter beobachten zu können, sollte man in ihrer Nähe geeignete Nektarpflanzen einsetzen.

Das **Patagonische Eisenkraut** bildet Rosetten aus lanzettlichen, grundständigen Blättern mit gezahnten Rändern und stark verzweigten, steifen, bis 150 cm, fast blattlosen Stängeln, auf denen die kleinen, violetten Blütenkugeln zu schweben scheinen (Juli bis Oktober).

STANDORT | Die Staude gedeiht in voller Sonne auf einem fruchtbaren, durchlässigen, leicht feuchten Boden.

GARTENTIPP !

Es empfiehlt sich Frühjahrspflanzung. Junge Pflanzen können mit einem guten Winterschutz problemlos überwintern. Ältere Exemplare sterben nach üppiger Blüte und stärkerem Frost ab. Ein Rückschnitt der Stängel erfolgt im Herbst bis Spätherbst. Das Patagonische Eisenkraut darf in keinem Präriegarten fehlen. Es wirkt wunderbar auflockernd in gelben Rabatten und eignet sich ideal als Strukturpflanze.

Der Name spricht für sich: Blauviolette Blütenkerzen (Juli bis September) an hohen, quirlförmig beblätterten Stielen vereinen sich zu mächtigen Kandelabern und bieten einen eindrucksvollen Blickfang im sommerlichen Garten. *V. virginicum* ›Fascination‹ ist eine hochwachsende Sorte (150–170 cm) mit rotvioletten Blütenständen. Im Herbst bis in den Winter hinein sorgen die auffälligen Samenstände für Struktur.

STANDORT | Der **Kandelaber-Ehrenpreis** gedeiht an einem sonnigen bis halbschattigen Platz mit nährstoffreichem, frischem Boden.

GARTENTIPP !

Mit seiner stattlichen Höhe eignet sich der Kandelaber-Ehrenpreis gut für die zweite oder dritte Reihe im Beet in Kombination mit hohen Gräsern. In den ersten Jahren entwickelt sich die Staude zwar etwas langsam, dank anfänglicher Pflege jedoch zu einer robusten Pflanze.

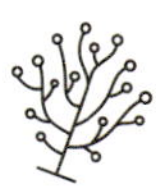

Das **Duftveilchen** ist eine winterharte, mehrjährige, 10–25 cm hohe Kleinstaude. Aus einem Wurzelstock entwickeln sich die Blühtriebe und Ausläufer. Die grünen, nierenförmigen, manchmal herzförmigen Blätter sind gestielt. Die intensiv duftenden, tiefvioletten, rosa oder weißen Einzelblüten öffnen sich im März/April.

STANDORT | Das **Duftveilchen** fühlt sich an einem halbschattigen bis schattigen Platz mit leicht feuchtem Boden wohl.

GARTENTIPP !
Die Jungpflanzen setzt man im Frühjahr oder Herbst in Tuffs im Abstand von 20 cm. Die äußerst pflegeleichte Staude kann man sich nahezu selbst überlassen. Nur bei anhaltender Trockenheit zusätzlich wässern. Eine kleine Kompostgabe fördert das Wachstum. In dichten Gruppen gepflanzt eignet sich das Veilchen gut zur Unterpflanzung von Sträuchern und Laubbäumen.

Schnittlauch ist eine gruppenbildende, mehrjährige Pflanze, bei der aus einer kirschkerngroßen, schlanken Zwiebel in Büscheln dünne, dunkelgrüne, hohle bis zu 30 cm hohe Röhrenblätter sprießen. An ihren Enden bilden sich ab Juli blassrote, in kopfigen Dolden stehende Blüten, die einen milden Zwiebelgeschmack haben.

STANDORT | **Schnittlauch** braucht einen sonnigen bis halbschattigen Platz mit gut durchlässigem, nährstoffreichem Boden.

GARTENTIPP!

Zwischen März und Juli Aussaat der Samen (optimale Keimtemperatur 15 °C) oder Auspflanzen der winzigen Zwiebeln sowie im Herbst durch Teilung des Wurzelstocks. Die einzelnen Büschel werden im Abstand von 20 cm gesetzt. Im Herbst sterben die Blätter ab und treiben im Frühjahr neu aus. Gleichmäßig feucht halten, nach der Ernte kräftig gießen und leicht düngen.

Dill ist eine einjährige Pflanze, bei der aus einer dünnen Wurzel ein ca. 100 cm hoher, schlanker, hohler, hellgrüner Stängel wächst. Er ist locker mit sehr feinen, 3-fach geteilten Blättern besetzt, die aromatisch duften. An seiner Spitze bildet sich im Juli/August eine gold-grün blühende, vierstrahlige Dolde aus.

STANDORT | **Dill** braucht einen sonnigen, warmen und windgeschützten Platz mit lockerem, humusreichem Boden.

GARTENTIPP!
Dill ist ein Tiefwurzler, deshalb ein möglichst hohes Pflanzgefäß wählen. Der Topf sollte ein Abzugsloch haben, damit überschüssiges Wasser ablaufen kann. Wenn keine Fröste mehr zu erwarten sind, Samen 2 cm tief in die Erde aussäen. Regelmäßig ausreichend gießen, aber Staunässe vermeiden. Düngen ist nicht nötig, der Nährstoffgehalt des Substrats reicht aus.

Kerbel ist eine einjährige Pflanze mit einem bis 60 cm hohen, hohlen, gefurchten, leicht behaarten Stängel, an dem zarte, hellgrüne, dreifach gefiederte, süßlich duftende Blätter sitzen. Von Mai bis August sprießen aus den Blattachseln zarte, weiße Doldenblüten. Von der Pflanze gibt es kraus- und glattblättrige Zuchtformen.

STANDORT | **Gartenkerbel** braucht einen sonnigen bis halbschattigen Platz mit einem lockeren, humosen, leicht feuchten Boden.

GARTENTIPP!

Aussaat vom Frühjahr bis zum Spätsommer alle zwei Wochen, damit laufend frisch geerntet werden kann. Die Jungpflanzen werden auf 15 cm Abstand verzogen. Letztmalig kann im September ausgesät werden. Regelmäßig gießen, aber Staunässe vermeiden. Eine Düngung ist nicht nötig, der Nährstoffgehalt des Substrats reicht aus.

Estragon ist eine mehrjährige Pflanze mit einer aufrechten, bis 100 cm hohen, sich verästelnden Sprossachse. An ihr sitzen grüne, schmale, längliche Blätter. Beim Reiben verströmen sie einen aromatischen Duft. Die unscheinbaren gelben Blüten stehen in Körbchen (Mai bis August). Der Gärtner unterscheidet Französischen, Deutschen und Russischen Estragon.

STANDORT | Der **Estragon** braucht einen sonnigen bis halbschattigen, geschützten Platz mit einem humusreichen, durchlässigen Boden.

GARTENTIPP !

Für die Kultur im Kübel empfehlen sich der Französische und der Deutsche Estragon. Am besten, man kauft Jungpflanzen beim Gärtner und setzt sie im Mai in ein ausreichend großes Pflanzgefäß mit mindestens 6 l Volumen. Gleichmäßig feucht halten, Staunässe vermeiden. Bis August hin und wieder mit Flüssigdünger versorgen.

Koriander ist eine einjährige Pflanze, bei der aus der gebogenen, dünnen Wurzel ein bis zu 60 cm hoher, stielrunder, robuster Stängel aufsteigt. Die unteren Blätter sind langgestielt, dreilappig, die übrigen doppelt und dreifach fiederschnittig. Die weißen oder rosafarbenen Einzelblüten erscheinen von Juni bis August.

STANDORT | **Koriander** braucht einen sonnigen bis halbschattigen Platz mit einem gut durchlässigen Boden.

GARTENTIPP!

Ende März, Anfang April werden die Samen in Saatrillen im Abstand von 25 cm tief ausgesät, dünn mit Erde bedeckt und angegossen. Sobald die Sämlinge groß genug sind, werden sie im Abstand von 5 cm ausgedünnt. Die Pflanze braucht eine Stütze, sonst knickt sie ab, sobald die Samen ansetzen. Regelmäßig gießen, wenn die Erde angetrocknet ist. Alle 3–4 Wochen mit Flüssigdünger versorgen.

Der **Lavendel** ist ein mehrjähriger, winterharter, bis zu 60 cm hoher Halbstrauch. An den dicht gedrängten Stängeln sitzen lanzettliche, silbergrau schimmernde Blätter, die aromatisch duften. Die kleinen, dunkelblauen bis violett-blauen Blüten (Juli/August) vereinigen sich zu einem bis zu 8 cm langen Blütenstand.

STANDORT | **Lavendel** braucht einen vollsonnigen, windgeschützten Platz mit gut durchlässigem, kalkhaltigem Boden.

GARTENTIPP!

Lavendel wird gerne als Rabattenpflanze eingesetzt. Jungpflanzen im Abstand von 30 cm setzen. Regelmäßig wässern, Staunässe vermeiden. Im ersten Jahr muss man den Blütenansatz abschneiden, damit die Pflanze buschiger wächst. Um sie in Form zu halten, wird Lavendel jedes Jahr im Frühjahr geschnitten, ohne das alte Holz einzubeziehen. In sehr kalten Wintern in einen Topf setzen.

Die **Gartenkresse** ist eine einjährige, etwa 50 cm hohe Kulturpflanze mit kahlen, bläulich grünen, nach oben verzweigten Stängeln. An ihnen sitzen kleine, gefiederte, hellgrüne, wechselständige Blätter. Die winzigen, zwittrigen, weißen bis rosa Blüten erscheinen im Juli. Es werden Schoten gebildet.

STANDORT | Die **Gartenkresse** gedeiht an einem sonnigen bis halbschattigen Platz mit magerem Boden.

GARTENTIPP!

Aussaat ins Freie ab Anfang März breitwürfig oder im Reihenabstand von 15 cm. Samen gut andrücken und nur ganz dünn mit Erde bedecken (Lichtkeimer). Bei einer Mindesttemperatur von 6 °C beträgt die Keimzeit 4–8 Tage, bei mehr als 20 °C nur einen Tag. Letzte Freilandaussaat ist Ende September. Die anspruchslose Pflanze braucht keine besondere Pflege, sie muss nur regelmäßig gewässert werden.

Die **Zitronenmelisse** ist eine mehrjährige, winterharte, buschige Staude mit einem flach wachsenden, weit verzweigten Wurzelstock. Aus ihm steigen vierkantige, leicht behaarte Stängel bis zu 1 m hoch. Die hellgrünen Blätter sind eiförmig und am Rand grob gesägt. In den Blattachseln sitzen unscheinbare, blassgelbe Blüten (Juli/August). Bei Berührung verströmt die Pflanze einen intensiven Zitronenduft.

STANDORT | Die **Zitronenmelisse** braucht einen sonnigen bis halbschattigen, windgeschützten Platz mit durchlässigem, humosem Boden.

GARTENTIPP!

Aussaat in Kisten oder Schalen im März oder April bei 15–20 °C. Die Jungpflanzen können nach etwa 6 Wochen in einem großen Topf (mindestens 5 l) ins Freie gesetzt werden. Anfangs stets feucht halten, später nur bei Trockenheit wässern.

Die **Pfefferminze** ist eine ausdauernde, krautige, aromatisch duftende Pflanze mit unterirdischen Ausläufern oder Rhizomen. Die aufrechten, bis 80 cm hohen, rötlich überlaufenen Stängel können verzweigt sein. Die gegenständigen Laubblätter haben meist einen gezähnten oder gesägten Rand. Die Blüten (Juli bis Oktober) sind in vielblütigen Scheinquirlen angeordnet.

STANDORT | Die **Pfefferminze** braucht einen sonnigen bis halbschattigen Platz mit durchlässigem, feuchtem Boden.

GARTENTIPP !

Jungpflanzen in ein großes Pflanzgefäß (mindestens 3 l) setzen. Da sich die Wurzeln schnell ausbreiten, sollte rings um die Pflanze eine Wurzelsperre ca. 30 cm tief in die Erde eingelassen werden, um ein ungehemmtes Wachstum zu verhindern. Gleichmäßig feucht halten, aber Staunässe vermeiden.

Basilikum ist ein einjähriges, sehr aromatisches, 20–40 cm hohes Kraut. Die buschig wachsende Pflanze hat gestielte, eiförmige, hellgrüne Blätter und trägt in den Triebspitzen kleine, cremeweiße bis rötliche Blüten (Juli bis September) in endständigen Ähren.

STANDORT | **Basilikum** braucht einen vollsonnigen, warmen, wind- und regengeschützten Platz mit humosem, durchlässigem Boden.

GARTENTIPP !

Die frostempfindliche Pflanze zieht man am besten im Frühbeetkasten vor. Die Aussaat erfolgt Ende März in Saatschalen, die Samen nur leicht mit Erde bedecken (Lichtkeimer). Ausgepflanzt ins Freie wird ab Mitte Mai. Danach empfiehlt sich eine Vlies- oder Folienabdeckung, um die Pflanzen vor kalten Nächten zu schützen. Regelmäßig wässern, Erde nie austrocknen lassen. Hin und wieder mit organischem Flüssigdünger versorgen.

Majoran ist eine ausdauernde Staude, wird aber in unseren Breiten oft nur als einjährige Pflanze kultiviert. Die hellgrünen, runden, gegenständigen Laubblätter duften aromatisch. Die kleinen, weißen, lila- oder rosafarbenen Blüten (Juni bis September) sitzen in kompakten, fast kugeligen Blütenständen.

STANDORT | **Majoran** gedeiht an einem sonnigen, warmen und geschützten Platz mit humusreichem, lockerem, sandigem Boden.

GARTENTIPP!

Die Pflanzen ab März im Frühbeet aus Samen vorkeimen. Ab Ende April pikieren, in Reihen im Abstand von 20 cm aussäen, nur leicht mit Erde bedecken (Lichtkeimer). Regelmäßig gießen, aber Staunässe vermeiden. Bei Kälteperioden mit einem Vlies schützen. Um die Blattbildung anzuregen, laufend die Blütenknospen zurückschneiden. Alle 2 Monate mit organischem Dünger versorgen.

Die mehrjährige, winterharte Pflanze wächst bis zu 50 cm hoch. Die aufrechten, gegenständig stehenden, ovalen Stängel sind oft rötlich gefärbt und verdorren in der vollen Sonne. Die grünen Blätter riechen leicht aromatisch. Ab Juli zeigen sich rosarote Blüten in rispenartig verzweigten Büscheln.

STANDORT | **Oregano** braucht einen vollsonnigen, warmen und windgeschützten Platz mit einem trockenen, kalkhaltigen, gut durchlässigen Boden.

GARTENTIPP !

Aussaat der Samen ab April auf der Fensterbank. Einfacher ist es, Jungpflanzen in der Gärtnerei zu kaufen und in ein großes Pflanzgefäß (mindestens 3 l Volumen) im Abstand von 25 cm zu setzen. Gießen, wenn sich die Oberfläche der Erde trocken anfühlt, in den warmen Sommermonaten täglich. Sparsam düngen. Im Frühjahr die Pflanze bis dicht über dem Boden zurückschneiden.

Die **Petersilie** ist eine zweijährige Pflanze, die im ersten Jahr aus einer kräftigen Wurzel eine 20–30 cm hohe Rosette aus langgestielten, mehrfach gefiederten Blättern treibt. Im zweiten Jahr erscheinen 60 cm hohe Blütenstängel (Juni/Juli) mit unscheinbaren, gelblich-grünen Dolden. Die Krause Petersilie (*P. crispum*) hat hellgrüne Blätter mit krausen, gezähnten Rändern. die Glatte Petersilie (*P. crispum hortense*) trägt dunkelgrüne Blätter.

STANDORT | Die **Petersilie** braucht einen sonnigen bis halbschattigen Platz mit tiefgründigem, feuchtem, lockerem Boden.

GARTENTIPP!

Petersilie auszusäen verlangt wegen der langen Keimzeit (5 Wochen) Geduld. Am einfachsten ist es, ab Mitte Mai Jungpflanzen zu kaufen und direkt in ein größeres Pflanzgefäß zu setzen. Nur sehr sparsam gießen und düngen.

Der **Rosmarin** ist ein immergrüner, dicht verzweigter Strauch, bei dem die Äste auf einer verholzten Wurzel stehen. Aus ihnen wachsen im Frühjahr hellgrüne, flaumig behaarte Triebe mit graugrünen, nadelartigen, derben Blättern. In den Blattachseln entwickeln sich im Mai/Juni viele Kurztriebe, an denen blaue, weiße oder rosa Blüten eine Art Krone bilden. Beim Zerreiben duften alle Teile der Pflanze aromatisch.

STANDORT | **Rosmarin** braucht einen voll sonnigen, geschützten Platz mit durchlässigem, humosem Boden.

GARTENTIPP !

Die Vermehrung durch Aussaat im Frühjahr, einfacher ist Pflanzung von Kopfstecklingen im Sommer, die im Frühherbst geschnitten wurden. Die Jungpflanzen werden im Abstand von 40–100 cm gesetzt. Während der Vegetationsphase häufiger, aber nicht zu üppig gießen, sparsam düngen.

Der **Salbei** ist ein ausdauernder, 30–60 cm hoher, aromatisch duftender Halbstrauch. Aus einer tief reichenden, teils verholzten Pfahlwurzel steigt ein verzweigter, vierkantiger, graufilzig behaarter Stängel auf. Die elliptischen, unterseits feinrunzligen Blätter variieren in der Farbe ebenso wie im Geschmack. An den Enden der Triebe sitzen blauviolette, lockere Blüten (Juli/August).

STANDORT | **Salbei** braucht einen sonnigen, warmen, windgeschützten Platz mit einem mäßig trockenen, durchlässigen Boden.

GARTENTIPP!

Die Aussaat ist im Frühjahr möglich, einfacher ist es, Jungpflanzen zu kaufen und in ein großes Pflanzgefäß (Volumen mindestens 5 l) zu setzen. Mäßig gießen, Staunässe vermeiden. Im Spätsommer nach der Blüte stutzen. Ausgewachsene Pflanzen kann man im Frühjahr kräftig zurückschneiden.

Der **Gartenthymian** ist ein mehrjähriger, immergrüner, bis 40 cm hoher, stark verästelter, aromatisch riechender Halbstrauch. An den holzigen, behaarten Ästen sitzen winzige, oberseits graugrüne, kreuzständig stehende Blättchen. Von Mai bis September erscheinen an den Zweigenden rosa Blüten in kugeligen Trauben.

STANDORT | **Thymian** braucht einen sonnigen bis halbschattigen Platz mit sandigem, durchlässigem Boden.

GARTENTIPP !

Thymian lässt sich aus Samen anziehen, einfacher jedoch ist es, im Mai Jungpflanzen zu kaufen und sie in ein größeres Pflanzgefäß (Volumen mindestens 3 l) zu setzen. Regelmäßig gießen und von Zeit zu Zeit maßvoll düngen, Staunässe vermeiden. Entfernt man die welken Blätter regelmäßig und schneidet die Pflanze nach der Blüte leicht zurück, dankt sie es mit vermehrtem, dichtem Wachstum.

ARTENREGISTER

Impressum

ISBN 978-3-8094-4503-6

2. Auflage
2023 by Bassermann Verlag, einem Unternehmen
der Penguin Random House Verlagsgruppe GmbH,
Neumarkter Straße 28, 81673 München

Projektleitung: Dr. Iris Hahner
Satz: Uhl + Massopust, Aalen
Redaktion und Bildredaktion: Verlagsbüro Kopp, München
Umschlaggestaltung: Atelier Versen, Bad Aibling
Layout und Herstellung: Claudia Scheike

Bildnachweis:
Müller 6, 62; Steinberger 3, 4, 8, 9, 10, 11, 13, 15, 16, 18, 19, 20, 21, 22, 23,24, 25, 26, 28, 29, 30, 31, 32, 33, 34, 35, 36, 37, 38, 39, 40, 41, 42, 43, 44, 45, 56, 47, 48, 50, 51, 52, 53, 54, 55, 57, 5, 59, 60, 61, 63, 64, 65, 66, 67, 68, 69, 70, 71, 72, 73, 74, 75, 76, 77, 78, 79, 80, 81, 82, 83, 84, 85, 86, 88, 89, 90, 92, 93, 94, 95, 96, 97, 98, 99, 100, 101, 102, 103, 104, 105, 106, 107; Strauß 62; Wothe: 7, 12, 14, 17, 27, 49, 56, 91

Penguin Random House Verlagsgruppe FSC® N001967

Druck und Bindung: PBtisk, a.s., Pribram

Printed in Czech Republic

Weitere Bücher von Ursula Kopp

112 Seiten, durchgehend farbig bebildert
ISBN 978-3-8094-4092-5

Dieser Ratgeber zeigt Beispiele für Trockengärten und porträtiert über 60 der schönsten, meist auch bienenfreundlichen Pflanzen für heiße und trockene Standorte.

112 Seiten, durchgehend farbig bebildert
ISBN 978-3-8094-4317-9

Mit der richtigen Fütterung, Nisthilfen oder Aktionen für Vogelschutz können wir etwas gegen das Vogelsterben tun. In diesem Buch werden 54 Porträts von Brutvögeln, die in unserer Umgebung leben, vorgestellt.